Je vous écris du Vél'd'Hiv

Je vous écris du Vél'd'Hiv

Les lettres retrouvées

Présenté par Karen Taieb

Préface de Tatiana de Rosnay

RÉCIT

© Éditions Robert Laffont, 2011

Préface

J'ai écrit *Elle s'appelait Sarah* avec le cœur, pour qu'on se souvienne de ces enfants, dont la plupart étaient français, car nés en France. J'ai écrit ce roman pour transmettre l'horreur et l'indignation que j'ai ressenties en découvrant le sort de ces petits. J'ai écrit ce livre pour que l'on se rappelle ce qui s'est passé le 16 juillet 1942, en plein Paris. Dans mon cœur de femme, de mère, d'être humain, il y a désormais une petite Sarah à l'étoile jaune.

Née en France au début des années 1960, je fais partie de cette génération qui a appris tardivement les détails exacts de la rafle du Vél'd'Hiv, le rôle précis de la police française, ainsi que l'existence des camps de Beaune-la-Rolande et de Pithiviers où les enfants ont été arrachés à leurs parents. Lors de la rafle, pour la première fois, des enfants ont été arrêtés. Des enfants que les nazis n'avaient pas demandés. C'est la police française, on le sait, qui a procédé aux arrestations. Je ne savais pas non plus que sur l'ancien emplacement du Vél'd'Hiv, rue Nélaton à Paris, on trouve désormais une annexe du ministère de l'intérieur.

Je n'aurais jamais imaginé, en commençant ce roman, comment il allait bouleverser ma vie. Il y a d'abord eu ma rencontre avec Suzy C. Alors que ce livre allait enfin être publié, un couple âgé a emménagé dans mon immeuble, juste au-dessus de chez moi. Je venais de perdre ma grand-mère, que j'adorais, et il y avait chez Suzy un je-ne-sais-quoi de slave qui me rappelait ma Mamou, qui a fui la révolution russe. Un jour, au supermarché en bas de ma rue, je croise Suzy. Elle était déjà venue avec son mari Maurice à plusieurs de mes signatures, elle-même était l'auteur de quelques ouvrages. Je l'aide à faire ses courses, et je bavarde un peu avec elle. Elle me demande si je vais bientôt publier un nouveau roman. Je lui réponds que oui, et je lui parle de Sarah. Son visage change dès que je prononce le mot « Vél'd'Hiv ». Sa main cherche la mienne. Sa peau est glacée. Nous sommes comme seules tout à coup dans ce magasin bruyant. Une bulle de silence autour de nous. Elle me dit : « Tatiana, le 16 juillet 1942, j'avais l'âge de votre Charlotte. La police est venue nous chercher, dans le XXe arrondissement. Ils ont pris ma mère. Je ne l'ai plus jamais revue. » Pour une raison qu'elle ignore, un policier refuse d'embarquer Suzy, qui le supplie de rejoindre sa mère. « Je ne le savais pas, mais cet homme m'a sauvé la vie. » Je suis devenue proche de Suzy, et de Maurice, son mari. Lorsqu'elle a fini de lire mon roman, elle m'a serrée dans ses bras en me disant : « Merci d'avoir écrit ce livre. Les gens doivent savoir. » Et nous avons pleuré toutes les deux.

En 2008, j'ai fait une autre rencontre. Je me suis retrouvée dans un collège, en Picardie, devant une classe de troisième, et il y avait là une rescapée de la rafle, Arlette T. Un professeur d'histoire avait pensé à nous réunir suite à la publication d'*Elle s'appelait Sarah*. Arlette T. a raconté son 16 juillet 1942 et, devant la classe, elle m'a dit ces mots : « Vous avez écrit le roman qui dévoile ma vie. Je suis de descendance polonaise. Je suis née à Paris. Je vivais dans le Marais. Comme Sarah. J'ai connu l'enfer du Vél'd'Hiv. Je me suis échappée de Beaune-la-Rolande. Comme Sarah. Tout ce que Sarah ressent, je l'ai ressenti. Comment avez-vous fait pour vous mettre dans ma tête ? » Arlette est aussi devenue une amie chère. C'est une femme extraordinaire, véritable boule d'énergie et de charisme. Et, chaque fois que je la vois, chaque fois que je lui prends la main, je ne puis m'empêcher de penser que cette femme, lorsqu'elle était enfant, a été enfermée dans le Vél'd'Hiv.

Troisième rencontre aux États-Unis, à Saint Louis, dans le Missouri. Obama vient d'être élu. Je donne une conférence pour le Jewish Book Festival devant plusieurs centaines de personnes. Je leur explique pourquoi et comment j'ai écrit *Elle s'appelait Sarah*. Je m'exprime dans ma langue maternelle, l'anglais. À la fin de la conférence, les mains se lèvent pour me poser des questions. Et c'est alors qu'une femme me parle en français, d'une voix sourde d'émotion. Cette femme digne et belle, aux cheveux blancs, au regard las, s'appelle Rachel M. et elle veut juste me dire merci. Merci d'avoir écrit son histoire. Comme Sarah, après avoir perdu toute sa famille le 16 juillet 42, après avoir été cachée, après la guerre, elle a choisi de s'exiler aux États-Unis pour refaire sa vie. Elle n'est jamais retournée en Europe. Et elle a mis trente ans à pouvoir parler du Vél'd'Hiv à son mari et ses enfants.

Il me revient la tâche d'écrire la préface de ce recueil de lettres toutes écrites dans le Vél'd'Hiv et sorties clandestinement. Chacune reflète une vérité, une intimité, un passé, des croyances. Derrière chaque lettre, il y a une personne, un regard, un parfum, un être. Une vie. En lisant ces lettres, ces lettres simples qui montrent l'existence de tous les jours par mille détails infimes, nous mesurons l'abîme de tout ce qui aurait pu être. De tout ce qui a été broyé.

Clara, seize ans, écrit à ses oncles et cousins : « Je ne sais pas si on pourra supporter longtemps ceci. Maman n'en peut plus. […] Jeannot pleure tout le temps parce qu'il veut retourner à la maison. » Jean, son petit frère, a trois ans. Arraché fin juillet à sa mère et à sa sœur dans les camps du Loiret, et comme tous les enfants du Vél'd'Hiv déportés dans les camps de la mort, il ne reviendra pas. Clara et son autre frère Henri non plus.

Rose écrit à sa sœur Berthe : « Tu sais le malheur qui m'est arrivé. » Rose est prisonnière du Vél'd'Hiv, alors que sa petite Clairette, sa fille, est à la campagne, à l'abri. Clairette ne reverra jamais sa maman.

Maurice écrit à Flora, son épouse enceinte qu'il ne reverra jamais non plus : « La nuit je n'ai pas fermé les yeux. […] Chaque femme et ses enfants est un monde de misère. Jamais on aurait pu imaginer pareille chose. »

Rachel, dans une lettre à sa voisine, se permet un humour grinçant, empreint de douleur. « Quelques mots pour vous dire que nous sommes tous au Vél'd'Hiv. Nous sommes tous assis tout autour, sur les fauteuils, comme au spectacle, mais ce sont nous, les artistes. »

Antonina, elle, supplie ses voisins de prendre soin de son enfant. « Je suis au Vélodrome d'Hiver. Je ne sais pas ce qu'est devenu mon mari. Je vous en supplie, prenez mon enfant chez vous. »

Rosette, du haut de ses quatorze ans, annonce courageusement à ses amis : « Vous ne pouvez malheureusement pas nous répondre. »

Édith, à la fois poétique et amère, se confie à son ami Roland : « Je ne fais rien, aussi j'ai tout mon temps pour méditer sur tout le bonheur perdu. *Forget me not.* »

Dans cette poignée de lettres, l'horreur du Vél d'Hiv. La chaleur, la puanteur, la soif, la poussière, le manque de sanitaires, le désespoir et la peur. 4 051 enfants, 5 802 femmes, 3 031 hommes, parqués là dans des conditions inhumaines par le gouvernement français de Vichy sous l'ordre des nazis.

Des lettres sur papier chiffonné, griffonnées à la hâte dans le cœur noir de la rafle, au petit matin du 16 juillet 1942, puis lors des quatre jours dans l'enfer poisseux de la rue Nélaton. Des lettres qui sont miraculeusement parvenues à leurs destinataires, grâce à quelques mains bienveillantes, celles des infirmières, des pompiers, des passants.

Dix-huit lettres. Dix-huit lettres clandestines qui ont pu sortir du Vél d'Hiv, fermé, gardé, clos, barricadé.

Dix-huit lettres qui se retrouvent aujourd'hui dans ce recueil, infiniment précieuses, fragiles messages d'amour et d'espoir, d'angoisse et de doute. Lettres qui témoignent avec force, et malgré elles, d'une des pages les plus sombres de l'histoire de France.

Ces dix-huit lettres miraculées témoignent de l'horreur du Vél'd'Hiv. C'est un livre extrêmement important qui voit le jour, un recueil qui pourra être lu par toutes les générations, et je suis particulièrement émue de participer à sa publication.

Ces dix-huit lettres sont tout ce qui nous reste. Tout ce qui nous reste de l'abomination du Vél'd'Hiv.

Tatiana de Rosnay

Introduction

La rafle dite du Vél'd'Hiv[1] est probablement la mieux connue. En 1993, c'est sa date anniversaire, le 16 juillet, qui a été retenue pour instaurer la « Journée nationale commémorative des persécutions racistes et antisémites commises sous l'autorité de fait dite "gouvernement de l'État français" (1940-1944) ».

Le vélodrome d'hiver est situé à l'angle de la rue Nélaton et du boulevard de Grenelle dans le XVe arrondissement de Paris, près du pont Bir-Hakeim. Le bâtiment, érigé en 1909, a été conçu par Henri Desgrange, coureur cycliste, dirigeant sportif et journaliste. Le Vél'd'Hiv peut contenir 17 000

---

1. La dénomination utilisée est impropre. Les personnes arrêtées lors de cette rafle ont autant été envoyées au Vél'd'Hiv qu'au camp de Drancy. Il semble que ce soit l'ouvrage de Claude Lévy et Paul Tillard, *La Grande Rafle du Vél'd'Hiv*, paru chez Robert Laffont en 1967, qui ait imposé l'usage du terme. La désignation « opération vent printanier » est parfois utilisée pour désigner la rafle des 16 et 17 juillet ; pourtant, à ce jour, aucun document n'a été retrouvé qui attesterait l'authenticité de cette expression.

spectateurs ; la piste fait 250 mètres de long autour d'une pelouse centrale. La salle est éclairée par une immense verrière et plus de 1 000 ampoules. En 1931, le bâtiment est rénové par l'Américain Jeff Dickson et devient le « Palais des sports de Grenelle ». Le Vél'd'Hiv accueille des courses cyclistes et des matches de boxe. Depuis l'Occupation, des manifestations collaborationnistes y sont organisées. Rien ne destinait ce haut lieu du sport parisien à être choisi pour y enfermer, cinq jours durant, près de 8 000 personnes. Rien n'a été prévu pour accueillir ceux qui vont y être internés.

Paris, 16 et 17 juillet 1942. 4 500 policiers sont mobilisés pour la rafle la plus vaste jamais organisée dans Paris et sa banlieue. 12 884 Juifs sont arrêtés : 3 031 hommes, 5 802 femmes et 4 051 enfants ; c'est la première fois que les femmes et les enfants sont également visés. En principe, seuls les Juifs étrangers ou apatrides doivent être arrêtés. Pourtant, la plupart des enfants sont nés en France. Des rumeurs ont circulé, des tracts ont été distribués, des confidences ont été recueillies, et quelques-uns, surtout des hommes, ont pris la précaution de se cacher. Certains tentent d'échapper à la police. Des portes s'ouvrent : concierges, camarades d'école, voisins recueillent des enfants. Quelques policiers ferment les yeux, d'autres font du zèle. Après avoir été arrachés à leur domicile, les Juifs sont conduits dans les centres de rassemblement : c'est parfois un gymnase, une école, ou un commissariat. Embarqués dans des autobus, les adultes sans enfants sont ensuite envoyés à

Drancy[1], tandis que les familles rejoignent le Vél'd'Hiv. Elles y restent parquées pendant trois à cinq jours puis sont acheminées vers les camps du Loiret. Le 22 juillet, soit six jours après le début de la rafle, le Vél'd'Hiv a été entièrement évacué.

La censure a fonctionné. Il n'y a pas eu un article dans la presse. En fait, il existe une seule et unique photo connue, celle des autobus de la TCRP[2] alignés devant la porte du Vél'd'Hiv au petit jour, quelques documents administratifs et de trop rares témoignages. Ces derniers racontent la violence de l'arrestation, les conditions dramatiques de l'enfermement, la faim, le bruit, les odeurs, l'absence d'hygiène, la promiscuité, les maladies... À travers eux, on découvre l'enfer du Vél'd'Hiv, une sorte de chaos hallucinant. Toute correspondance y est interdite. Des policiers gardent l'enceinte du bâtiment et empêchent tout contact avec les internés. Seules quelques lettres parviennent à sortir clandestinement du Vél'd'Hiv. Quelques mots jetés à la hâte sur un bout de papier, remis à des mains compatissantes.

---

1. Le camp de Drancy est situé dans la banlieue est de Paris. Les premiers internés juifs arrivent à Drancy suite à la deuxième grande rafle parisienne, le 21 août 1941. Les 16 et 17 juillet 1942, les adultes sans enfants y sont envoyés directement. À la fois camp d'internement et camp de transit, Drancy est l'antichambre de la déportation. 65 000 des 76 000 Juifs déportés de France passeront entre ses murs.
2. La TCRP, Société de transports en commun de la région parisienne, est une entreprise privée créée en 1921 pour gérer des moyens de transports publics – souterrains et de surface – de Paris et de sa banlieue.

Plus de 8 000 personnes ont été internées au Vél'd'Hiv. À ce jour, nous avons identifié vingt-deux lettres écrites dans l'enceinte même du Vél'd'Hiv. Dix-huit lettres, écrites par quatorze personnes, pour la plupart inédites, sont pour la première fois rassemblées et publiées dans cet ouvrage.

Ces missives sont terrifiantes de vérité, de détails qui décrivent le vacarme assourdissant, jour et nuit, les cris, les haut-parleurs qui diffusent sans cesse des annonces, les enfants qui courent, dans une chaleur étouffante, et respirent un air empuanti, les sanitaires hors d'usage. Chacune nous en apprend un peu plus sur ce qui se passait dans l'enceinte du Vél'd'Hiv et sur l'état d'esprit des internés.

À une exception près, tous ceux qui ont écrit les lettres reproduites ici ont été assassinés dans les camps de la mort. En dehors de ces derniers mots tracés de leur main, il reste peu de chose. Pour certains, des photographies et documents épars qui permettent de retracer leur parcours. En fin de volume, quelques compléments – des témoignages de personnes ayant pénétré dans le Vél'd'Hiv, des documents d'archives, des dessins – ainsi qu'une bibliographie-filmographie permettront d'aller plus avant dans la connaissance de ce terrible épisode de l'histoire de France pendant la Seconde Guerre mondiale.

Plusieurs milliers de lettres écrites par des personnes internées dans les camps en France parce que désignées juives, entre 1940 et 1944, sont conservées dans les archives du Mémorial de la Shoah. Depuis sa création au printemps de l'année 1943, le Centre de documentation juive contemporaine se consacre à la collecte des documents qui permettent d'écrire l'histoire de la persécution des Juifs pendant la Shoah. Le centre de documentation est une partie intégrante du Mémorial dont les locaux, rénovés et agrandis, ont ouvert en janvier 2005.

Les archives du Mémorial de la Shoah sont riches de près de quarante millions de pages, mais l'une de leur spécificité tient sans nul doute à l'importance des fonds d'archives privées qui y sont conservés. Chaque année, plusieurs dizaines de personnes viennent confier des lettres, des photos, des objets et des pièces de toute nature. Ce sont, pour les familles, parmi leurs biens les plus précieux, souvent l'unique trace d'un père, d'une mère, d'un être cher, assassinés pendant la Shoah. Le don peut être spontané, mais ce n'est parfois qu'à l'issue de nombreux échanges, de discussions et de persuasion que l'on obtient du donateur de nous confier ses documents.

En conservant ces archives, en les portant à la connaissance du plus grand nombre au travers d'expositions, de films, de documentaires, nous nous attachons à préserver à jamais leur mémoire, leur histoire et leurs visages.

Pendant des années j'ai cru que les lettres du Vél' d'Hiv étaient une exception. Je n'en connaissais que deux, conservées dans les archives du Mémorial. Mais au fil du temps, d'autres étaient arrivées sans particulièrement attirer l'attention. Lorsque, au détour d'une recherche, la lettre d'Édith Schuhova m'est passée entre les mains, ce fut comme un déclic. Les lettres du Vél' d'Hiv étaient rares certes, mais il en existait seize supplémentaires. Je me suis alors mise en quête et, avec l'aide de mes collègues des archives, nous en avons identifié seize supplémentaires.

Combien y en a-t-il encore, enfouies dans des enveloppes au-dessus d'une armoire ou dans une boîte à chaussures... Douloureux souvenirs d'une époque qui devient lointaine. Vieux papiers jaunis, histoires d'autres temps, d'autres gens.

Au travers de ces lettres, des documents et des photographies qui illustrent le destin de ces hommes, femmes et enfants, cet ouvrage n'a pas d'autre prétention que de participer à la transmission de l'histoire et de la mémoire des victimes de la Shoah.

En publiant ces lettres, nous avons souhaité rendre hommage aux disparus, mais aussi aux donateurs qui tous nous ont fait confiance.

Karen Taieb,
responsable des archives du Mémorial de la Shoah

Dans les textes retranscrits, l'orthographe a été corrigée et la ponctuation rétablie (sauf exception), dans la mesure où elles permettaient une meilleure compréhension. Tout ce que nous avons cru devoir rétablir, compléter ou signaler se trouve entre crochets.

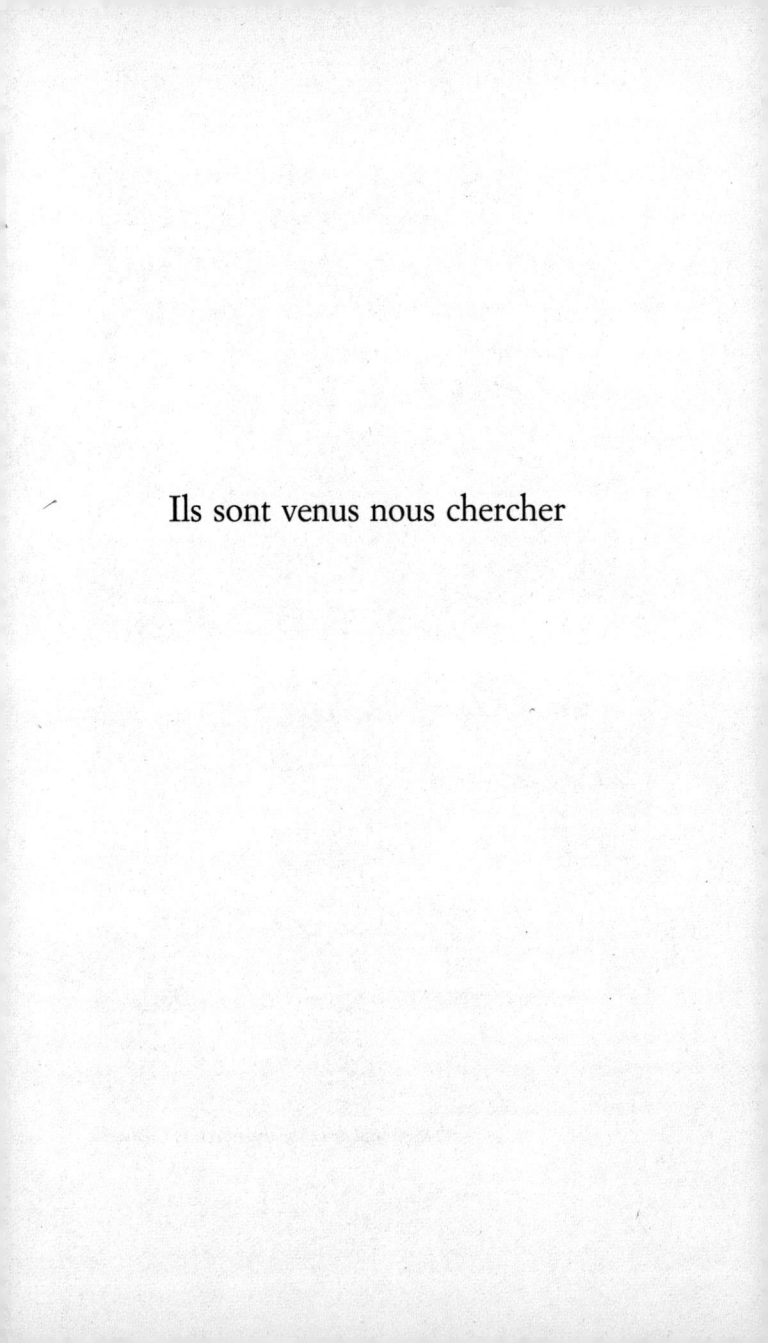

Ils sont venus nous chercher

Pavillons, Le 16 à 4 H. matin

Mes chers Roland, Annie et Paule.

Il est 4 H. du matin. Ils sont venus vous chercher. Je vous dis adieu, je regrette tout le mal que j'aurais pu vous faire et les ~~créations~~ soucis que

© Mémorial de la Shoah, collection Crédeville

je vous ai occasion-
-ner. Sachez que je
vous ai aimé par-dessus
tout même si je
n'ai pu vous le
prouver.

Mes bons amis,
je vous embrasse
tous. Priez pour
moi. A bientôt
Votre Edith

P.S. Mon souvenir à
Gérard, Armand,
Mme Lotz et
Melle Fesnoy.
En cette minute
je pense à vous
tous. Pardonnez
moi....

Pavillon, le 16 à 4 heures du matin

Mes chers Roland, Annie et Paule,
Il est 4 heures du matin. Ils sont venus nous chercher. Je vous dis adieu, je regrette tout le mal que j'aurais pu vous faire et les soucis que je vous ai occasionnés. Sachez que je vous ai aimés par-dessus tout même si je n'ai pu vous le prouver.
Mes bons amis, je vous embrasse tous. Priez pour moi. À bientôt.

Votre Édith.

P.-S. : Mon souvenir à Gérard, Armand, Mme Lotz et Mlle Fresnoy. En cette minute, je pense à vous tous. Pardonnez-moi…

Roland Crédeville est un camarade de classe d'Édith Schuhova. Ils fréquentent le même établissement scolaire à Pavillon-sous-Bois en banlieue parisienne. C'est l'année du brevet. Édith, seize ans, est l'aînée de trois filles. Tout le monde connaît la famille Schuhova sous le nom de Schuh. Lorsque la police frappe à leur porte au matin du 16 juillet 1942, Édith rédige ce mot à la hâte.

De quoi Édith se sent-elle coupable, pour quelle raison demande-t-elle à être pardonnée ? Nul ne sait. Elle est emmenée avec toute sa famille : son père, Maximilien, sa mère, Catherine et ses deux sœurs, Eva (quatorze ans) et Yvonne (neuf ans). Le père d'Édith, Maximilien, était né à New York. Ancien combattant de la Première Guerre mondiale, il en était revenu avec un bras abîmé et une médaille. En 1942, il se pense, lui et sa famille, à l'abri de toute menace.

Sitôt après son arrestation, la famille Schuhova est transférée en bus au Vél'd'Hiv. De là, Édith adresse une première lettre à son camarade, Roland.

Crédeville 111 Allée des Aldes
Pavillons-sous-Bois Seine

Roland apportés au Vélo-
drome d'Hiver colis avec
gâteaux fruits cigarettes
Launay Souza remettre
à la Croix Rouge
Urgent
                    Edith Schuch

Roland apporte au café 22 Rue
Nélaton colis avec gâteaux
cigarette si vous pouvez, Rentré
et demandez un ausssi de v. This
              Edith

© *Mémorial de la Shoah, collection Crédeville*

Credeville 111 allée des Aldes
Pavillon-sous-Bois Seine

Roland, apporte Vélodrome d'Hiver colis avec gâteaux fruits cigarettes Launay Souza. Remettre à la Croix-Rouge.
Urgent

Édith Schuh.

Roland apporte au café 22 rue Nélaton[1] colis avec gâteaux, cigarettes. Vous pouvez rentrer et demander un ouvrier de v. d'hiver.

Édith

Cette missive parvient jusqu'à Roland, qui prévient aussitôt leur professeur de physique-chimie et de mathématiques, Mlle Fresnoy. Avec elle, Roland et quelques camarades se rendent à Paris, jusqu'à la rue Nélaton, pour apporter le colis demandé par Édith. Mais le bâtiment est inaccessible, ils ne peuvent en approcher. Rien ne rentre ni ne sort du Vél'd'Hiv, toute communication avec l'extérieur est interdite. Une infirmière accepte pourtant de prendre en charge le précieux paquet et le colis arrive à son destinataire. C'est ce que nous apprend la deuxième lettre écrite par Édith depuis le camp de Pithiviers[2] où elle a été transférée le 21 juillet. Huit jours se sont écoulés depuis son arrestation.

---

1. Le vélodrome d'hiver se trouvait rue Nélaton dans le XVe arrondissement de Paris.
2. Les camps du Loiret, Pithiviers et Beaune-la-Rolande, sont situés à environ 50 kilomètres d'Orléans. Suite à la première grande rafle parisienne du 14 mai 1941, 3 747 Juifs y

Pithiviers, le 24 juillet 1942.

*Mon cher petit Roland,
et chers amies et amis,
Peut-être as-tu reçu la première lettre que je t'ai envoyée après avoir reçu ton colis au Vél'd'Hiv. Sinon, je tiens encore à te manifester ma reconnaissance, je savais que je pouvais compter sur toi et c'est pour cela que sans hésiter je me suis adressée à toi. Sitôt que je reviendrai, je te montrerai que nous ne sommes pas des ingrats.
Nous avons quitté le Vél'd'Hiv mardi matin et nous voici à Pithiviers, beaucoup mieux qu'auparavant. Nous pouvons correspondre à présent. Mais comment faire, tu pars dans quelques jours ! Tu m'écriras, si tu le peux, du Val d'Ajol en me disant si je peux t'adresser mes lettres, sinon, je ne sais pas comment nous ferons. Tu demanderas la lettre à Marcelle, là où je lui ai parlé de l'organisation du camp. Je t'écris très vite et très mal car le courrier va bientôt partir, plus tard, je t'écrirai plus longuement et mieux qu'à présent. Sachez seulement que je pense à vous tous et que personne ici ne saurait vous remplacer. Je ne fais rien, aussi j'ai tout mon temps pour réfléchir et méditer sur tout le bonheur perdu (qui sait, à jamais peut-être...). Je voudrais qu'où que je sois, vous me restiez fidèles « Forget me not ». E.
Dis à Nanie qu'elle m'écrive le plus souvent possible, cela me ferait tant de plaisir. Tu lui diras que je l'embrasse ainsi que Paule. Mon affectueux souvenir à*

---

sont internés. Entre juin et juillet 1942, après plus d'un an de captivité, ils seront déportés pour faire place aux familles du Vél'd'Hiv qui arrivent à partir du 19 juillet.

Gérard, Armand, et à tous les autres (Jacqueline Poitevin, Monique Ribepol et surtout Mlle Fresnoy et Mme Lotz). Reçois mes meilleurs baisers.

Édith

Ce sont les dernières nouvelles d'Édith parvenues à Roland.

Elle est déportée avec son père, Maximilien, par le convoi 13, parti de Pithiviers le 31 juillet 1942, soit seulement quinze jours après leur arrestation dans la nuit du 16 juillet.

C'est ensuite au tour de Catherine et Eva, la mère et sœur cadette d'Édith, qui partent par le convoi 16, le 7 août suivant. Yvonne, la benjamine, se retrouve seule à Pithiviers avant d'être transférée à Drancy le 15 août. Elle n'y reste que peu de temps ; elle est déportée deux jours plus tard par le convoi 20. Elle avait fêté ses neuf ans trois mois auparavant.

Roland Crédeville s'est rendu pour la première fois au Mémorial de la Shoah en 1992. S'il ne s'était fait aucune illusion sur le sort d'Édith et de ses parents, il avait toujours gardé espoir que la petite Yvonne eût survécu, prise en charge par la Croix-Rouge et adoptée par une famille. Mais en voyant le nom d'Yvonne sur la liste du convoi de déportation, il avait fini par admettre qu'elle n'avait pas été sauvée. Il avait alors laissé les photocopies des lettres d'Édith.

En août 2009, il décide de donner les lettres originales qu'il avait toujours en sa possession au Mémorial de la Shoah. Aucun des membres de la famille

Schuhova n'est rentré de déportation. Il n'existe aucune photo d'eux, à l'exception d'une photo d'identité d'Édith. Au verso, la dédicace adressée à Roland : « À mon meilleur ami... Édith, Le 24 juin 1942 ».

Nous allons être transportés au Vél'd'Hiv

En ce début juillet 1942, de nombreuses rumeurs circulent. On annonce qu'une grande vague d'arrestations se prépare. Lors des précédentes rafles, seuls les hommes ont été arrêtés ; c'est la raison pour laquelle ils sont nombreux à se cacher. Nul n'imagine que les femmes et les enfants sont aussi visés. Quand les policiers se rendent au domicile de Mordko Belc, ils n'y trouvent que Paulette Sztokfisz, sa compagne, et ses deux enfants, Jacques, seize ans, et Raymonde, cinq ans.

Le jour même, le 16 juillet, Paulette demande à une connaissance d'écrire à sa sœur, Nana[1], pour la prévenir.

---

1. Nana, sœur de Paulette, est mariée à Lucien Dachy, qui est français et n'est pas de confession juive.

Paris le 16 juillet 1942

Ma chère sœur

Je te fais écrire ces mots, la police est venue nous arrêter, avec tous les juifs de la maison, on nous a enlevés moi et mes deux enfants, je t'écris pour te dire que nous allons être transportés au vélodrome d'hiver, je te demande d'aller chez moi au n° 1 Passage du jeu de boules dans le 11ᵉ arrond.ᵗ de te faire donner les clefs par la concierge et tu n'as qu'à emmener tout ce qu'il y a ; prends toutes mes affaires, tout ce que tu trouveras ; mon petit gars a oublié sa carte d'identité si tu la trouves apporte nous cette carte au vélodrome d'hiver dans le 15ᵉ arr.ᵗ, c'est sur le boulevard de Grenelle il faut descendre à la station Dupleix, apporte moi quelques boites de conserve et apporte moi deux jupes de rechange.

Chère sœur je compte sur toi.

Si tu peux apporte moi des confitures aussi viens me voir vite

Ta sœur.

Je te fais écrire cette lettre mais je ne peux pas signer.

© Mémorial de la Shoah, collection Sellam

Paris le 16 juillet 1942

Ma chère sœur,
Je te fais écrire ces mots, la police est venue nous arrêter, avec tous les Juifs de la maison. On nous a enlevés, moi et mes deux enfants. Je t'écris pour te dire que nous allons être transportés au vélodrome d'hiver, je te demande d'aller chez moi au 1 passage du Jeu de Boules dans le XIe arrondissement, de te faire donner les clefs par la concierge et tu n'as qu'à emmener tout ce qu'il y a ; prends toutes mes affaires, tout ce que tu trouveras. Mon petit gars a oublié sa carte d'identité, si tu la trouves apporte-nous cette carte au vélodrome d'hiver dans le XVe arrondissement. C'est sur le boulevard de Grenelle, il faut descendre à la station Dupleix. Apporte-moi quelques boîtes de conserve et apporte-moi deux jupes de rechange. Chère sœur je compte sur toi.

Si tu peux apporte-moi des confitures aussi, viens me voir vite.

Ta sœur

Je te fais écrire cette lettre mais je ne peux pas signer.

Nana reçoit un autre mot, écrit au Vél'd'Hiv. L'écriture n'est plus la même. C'est probablement celle de Paulette.

tâche de me garder
mon trousseau de compagnie   Pet d'71
       Jacques   Hu le

Chers Beau-père et sœur.

Je vous écris ces quelques mots pour vous donner de nos nouvelles qui sont bien triste. La santé est bonne mais le moral tombe.

Nana monte chez moi prends les clés chez la concierge et prends tout ce que tu pourras. Si tu vois Max prends les clés chez Max. Prends un coussin pour m'emballer quelques blouses et des socquettes et tâche que Lucien me les apporte on le laissera entrer mais fais ça au plus vite car l'on doit s'en aller d'ici pour une destination inconnue. Dépêche toi -

Apporte moi un gros oreiller

                Ta sœur Paulette
Apporte moi le sucre et les conserves
Et car on nous donne rien à manger
        Garde tout le reste pour toi

Le Vél d'Hiv, le (sans date)

Cher beau-frère et sœur,
Je vous écris ces quelques mots pour vous donner de nos nouvelles qui sont bien tristes. La santé est bonne mais le moral tombe.
Nana, monte chez moi ; prends les clefs chez la concierge et prends tout ce que tu pourras. Si tu vois Max[1] prends les clefs chez Max. Prends un coussin pour m'envoyer quelques blouses et des socquettes et tâche que Lucien me les apporte, on le laissera entrer mais fais ça au plus vite car l'on doit s'en aller d'ici pour une destination inconnue. Dépêche-toi.
Apporte-moi un gros oreiller. Des fruits pour Raymonde.

Ta sœur Paulette

Apporte-moi le sucre et les conserves car on ne nous donne rien à manger. Garde tout le reste pour toi.

---

1. Surnom de son compagnon, Mordko Belc.

Apporte moi mon peignoir
car j'ai froid.

Sur la porte il y a des pépés prends
les pour toi. Paule moi le plus
possible d'affaires.

Apportez moi du papier à lettre et
des timbres

Nous vous embrassons tous bien fort.

Réponds moi

Nous sommes au Peterbrowe à
Zouter. Je n'ai rien pris chez moi

M.r et M.me Dachy

90 R. du Moulin-Vert 90

M.me Paris XIV
Peterbrowe
à Zouter Maman a mis ...
           son nom de jeune fille Stokkis

Au verso

Apporte-moi mon peignoir car l'on a froid.
Sur la porte il y a des jupes prends-les pour toi. Sauve-moi le plus possible d'affaires.
Apportez-moi du papier à lettre et des timbres.
Nous vous embrassons tous bien fort. Réponds-moi.
Nous sommes au vélodrome d'hiver. Je n'ai rien pris chez moi.

Paulette (Pesa) Sztokfisz est née à Lublin, en Pologne, le 15 avril 1906. Elle est venue en France avec sa mère et ses deux sœurs. Le 4 septembre 1926, elle donne naissance à Jacques. Le père de l'enfant, Adolphe Bronstein, les abandonne en 1931. Quelques années plus tard, Paulette rencontre Mordko (Max) Belc. De cette union naît une petite fille, Raymonde-Rachel, le 30 novembre 1937, à Paris.

La famille vit désormais au 1, passage du Jeu-de-Boules, dans le XIe arrondissement de Paris. Max est tailleur, Paulette couturière et Jacques, qui a seize ans en 1942, est apprenti.

Après cinq jours passés au Vél'd'Hiv, Paulette et ses enfants sont transférés au camp de Pithiviers où ils arrivent le 21 juillet 1942. Jacques est alors séparé de sa mère et de sa sœur.

Paulette adresse plusieurs lettres à Nana. La dernière est datée du 31 juillet 1942.

Pithiviers, le 31/7/42

Chère sœur et cher beau-frère,
Je vous écris ces quelques mots pour vous faire part de ce que je vais peut-être partir pour [une] destination inconnue. Ma cousine Paulette est déjà partie, son fils est resté tout seul mais il est avec moi. Moi je vais partir. Jacques et Raymonde resteront tout seuls. La Croix-Rouge t'enverra peut-être une lettre te demandant si tu veux héberger Jacques et Raymonde. Je t'en prie Nana. Je t'en prie Lucien, acceptez, sans ça ils seront n'importe comment séparés de moi. Jacques n'est plus un enfant à

charge, il peut se débrouiller. Raymonde va à l'école. Ils ne t'embêteront pas si vous acceptez ! Chère Nana, monte chez moi et prends toutes les affaires, je te les donne. Je t'envoie un colis. Dans un coussin, il y a de l'argent et mes bijoux. Garde-les. J'espère que tu vois Max. Si tu le vois, il te donnera de l'argent pour Raymonde. Je vous en prie, ayez pitié de mes enfants. Je crois bien que c'est ma dernière lettre. On a tout pris aux gens qui sont partis, ils n'ont plus rien. Je serai comme eux.
Tout ce que tu devais envoyer, garde-le. Je n'ai plus rien besoin. Nana, j'envoie un colis chez la tante à Paulette. Je te donne son adresse : Mme Outrouski 41, rue de Saintonge, Paris IIIe. Monte chez elle et prend tout ce qu'il y a pour toi. Il y a des affaires à Raymonde, la tante te les remettra et le coussin.
Retirez tout ce que vous pourrez de chez nous. Ça vous rendra service autant à vous qu'à moi. Dans le colis, il y a des fourchettes et des couteaux, réclame-les à la tante ; un paquet de thé.
Je te joins une lettre pour une dame. Quand tu la recevras, envoie-la par pneumatique[1]. *C'est une question de libération.*
Je vous embrasse tous bien fort.
Votre sœur, Paulette
Dans une manche du manteau de Raymonde, il y a mille francs. Tu toucheras l'allocation pour Jacques et Raymonde.

Dans un petit encadré à droite, la mention « *Je t'en prie accepte* » et à gauche, « *si tu prends Ray-*

---

1. Pneumatique (ou pneu) : autrefois, courrier transmis en urgence par un tube à air comprimé.

monde et Jacques, tu pourras toucher l'allocation à la mairie ».

Cette lettre est la dernière. Paulette est déportée quelques jours plus tard, le 7 août 1942, par le convoi n° 16.

Raymonde et Jacques restent donc seuls au camp. Le jour même, Jacques écrit une première lettre à sa tante dans laquelle il lui apprend que sa petite sœur est hospitalisée.

Pithiviers, le 7 août 1942

Chers tante et oncle,
Je vous envoie quelques mots en vitesse pour vous donner de mes nouvelles qui sont bien tristes.
Maman est partie hier pour destination inconnue.
Je suis resté tout seul.
Raymonde est à l'hôpital. Je vais peut-être la voir. J'en profite pour mettre ces quelques mots à la poste.
Je te joins mon acte de naturalisation et un acte de naissance à maman.
T'es-tu occupé de moi et de Raymonde ?
Si tu veux m'écrire, écris par lettre recommandée.
Je vous quitte en vous embrassant tous bien fort.
Montez chez nous.

Votre neveu, Jacques Bronstein.

Il ne reste qu'une seule lettre écrite par Nana à Jacques. Elle date du 19 août 1942. Combien de lettres ne parviendront pas à leurs destinataires, on ne le saura jamais.

Paris, le 19/08/42

Cher petit Jacquot,
Je viens de recevoir ton petit mot où je vois que maman est partie. Dans quel état tu dois être, il faut avoir beaucoup de courage. Bientôt, tu seras parmi nous, j'ai fait tout le nécessaire et je pense que ça ne va plus tarder. Tu resteras avec nous et tu verras, mon chéri, comme on te rendra heureux. C'est bien triste, tu sais, et j'en souffre énormément ; et cette petite Raymonde, j'espère que ça va mieux et que ce ne sera rien. Elle aussi on la gâtera, tu verras mon Jacquot, je remplacerai votre maman pour le moment et, va, ça ne va pas durer. Quand la moisson sera finie, elle reviendra. On dit que c'est juste pour ça, donc mon trésor beaucoup de courage et tu sais on a envoyé un colis à ta mère. Si tu peux l'avoir, réclame-le, fais ton possible pour qu'on te le rende sinon écris-moi de suite et je t'en ferai parvenir un. Tu sais, je suis bien désolée car ta mère n'a reçu aucune nouvelle de nous et pourtant je lui ai écrit et deux fois [en] recommandé donc j'ai bien peur que toi non plus tu ne reçoives pas mes lettres. Enfin, espérons que si. Tu me dis de monter chez toi, mais on ne peut plus, le commissaire a mis les scellés donc il n'y a plus que toi qui peux rentrer car quand tu rentreras on te remettra les clefs. Je vais finir, mon petit Jacquot, en t'embrassant bien fort. Tout le monde se joint à moi ; si tu vois la poupée, embrasse-la pour moi et aie du courage. Bientôt tu seras parmi nous.
Ta petite tante qui pense sans cesse à vous. À bientôt mon lapin.

Nana

Grâce à sa belle-sœur, Max (Mordko) Belc, qui a échappé à la rafle, obtient des nouvelles des siens. Le 9 août, il écrit une carte à sa femme Paulette, adressée à Pithiviers.

Sevran, le 9/08/42

Chère petite femme,
Je viens d'apprendre ton adresse et je me précipite pour t'envoyer ce petit mot. Prends courage et bientôt nous serons ensemble. Je te rachèterai tout ce que tu as perdu. Ne pense plus à rien pense à ta santé et à ton moral. Les enfants vont nous être rendus et on fera tout ce qu'on pourra. Nana s'en occupera très bien. Elle fait tout ce qu'elle peut pour les avoir. Moi j'ai beaucoup de chagrin et pense sans cesse à vous. Je ne mange pas et ne dors pas. Je te fais envoyer un petit colis et espère que tu vas le recevoir. Si oui, réponds de suite et on enverra un autre.

Ton petit mari Max.

Paulette ne lira jamais cette carte. Frappée du tampon « retour à l'envoyeur », l'administration du camp la refusera. À cette date, Paulette a déjà été déportée au camp de Birkenau[1] dont elle n'est pas revenue.

Aucune des démarches entreprises par Nana n'a abouti.

Le 17 août 1942, Jacques adresse une nouvelle lettre à sa tante.

---

1. Le complexe concentrationnaire d'Auschwitz-Birkenau, situé en Haute-Silésie (Pologne), a été choisi pour être le centre de rassemblement et d'extermination des Juifs de l'Europe de l'Ouest. 73 des 79 convois de Juifs partis de France y ont abouti.

Chers tante et oncle,

Je vous écris ces quelques lignes pour vous donner de mes nouvelles qui sont bien tristes.
Maman a été déportée il y a dix jours vers une destination inconnue.
Raymonde était à l'hôpital de Pithiviers (dans la ville) avec une angine diphtérique. Elle y est entrée le 1ᵉʳ août et elle vient d'en sortir vendredi soir. Malheureusement pour elle et pour moi car il y a eu encore un départ samedi et Raymonde en était. Elle est sortie de l'hôpital vendredi soir et elle est partie samedi matin. J'ai à peine eu le temps de la voir.
Je crois qu'elle est partie pour Drancy.
Si vous pouvez faire quelque chose pour elle, faites-le, je vous en prie.
J'ai écrit à mon cousin M. Apelbaum en lui demandant qu'il aille vous voir. Nana ou Lucien, allez à la Croix-Rouge française et dites que vous voulez prendre Raymonde chez vous. Vous toucherez l'allocation.
Parlez pour moi aussi, peut-être que l'on me libérera aussi. Je vous en prie, faites-le pour Raymonde car elle est toute seule. Pour moi, tout ce qui arrivera arrivera.
Il doit y avoir un départ samedi prochain, j'en serai sûrement. Si vous pouvez envoyer quelque chose à Raymonde, faites-le à Raymonde Belc.
Si mon oncle est à Paris, dis-lui qu'il y reste car il est impossible de passer.
Le camp se vide, ça fait déjà cinq départs. Mais il arrive toujours du monde de la ligne.
Si mon oncle est là, il passera les colis pour Raymonde. Je vous ai envoyé une lettre avec mon

acte de naturalisation et l'acte de naissance à maman.
Je vous ai déjà écrit au moins huit lettres et vous ne m'avez envoyé aucun colis, comment cela se fait-il ? Enfin, maintenant c'est inutile car je vais partir samedi et je ne le recevrai plus.
Monsieur Apelbaum a beaucoup de protection et pourra faire quelque chose pour nous.
Va chez lui aussitôt que tu recevras la lettre. Il peut faire beaucoup pour nous.
Je vous remercie d'avance.
Mille baisers pour toute la famille et pour grand-père et la tante.
Embrasse bien mon oncle pour moi si tu le vois.
Votre neveu qui vous aime

Jacques

Le 20 août 1942, Jacques écrit sa dernière lettre. Une fois encore, il s'inquiète pour sa petite sœur Raymonde.

Le 20/08/42

Chers tante et oncle,
Je vous envoie ces quelques mots pour vous faire part de mes nouvelles qui sont bien tristes.
Tâchez par la Croix-Rouge française de vous procurer l'adresse exacte de Raymonde, vous pourrez lui envoyer quelque chose car elle en a besoin, elle est partie sans un seul morceau de sucre.
S'il vous manque de l'argent pour faire un colis, montez chez mon cousin M. Apelbaum. Je vous remercie d'avance.

Un bonjour à Grand-père. Je vous embrasse tous bien fort.
Votre neveu qui vous aime.

Jacques

À son tour, Jacques est transféré à Drancy, le 22 août 1942, soit sept jours après la petite Raymonde. Peut-être l'a-t-il retrouvée sur place. Pour bien peu de temps. Le 2 septembre, ils étaient tous deux déportés par le convoi 27 qui quittait Drancy pour le camp d'Auschwitz-Birkenau.

Max est arrêté le 23 novembre 1942. Interné à Drancy, il est déporté par le convoi du 9 février 1943. Aucun d'entre eux ne rentrera de déportation.

Vous avez pu juger notre départ
à la hâte

Szajndla Manela vit seule avec son fils Jean depuis que son mari, Stanislas, a été envoyé en Afrique du Nord après s'être engagé dans la Légion étrangère dès la déclaration de guerre. Szajndla travaille dans la confection pour subvenir aux besoins de la famille. Ils vivent 3, villa Gagliardini dans le XXe arrondissement de Paris.

Le 16 juillet 1942, Szajndla et son fils sont arrêtés et envoyés au Vél'd'Hiv. Elle réussit à faire sortir une lettre pour sa mère, Marya Spzajzer, mais adressée à sa propriétaire, Mme Montini, qui a la clef de son appartement.

L'enveloppe qui accompagne la lettre porte un tampon indiquant la date du 18 juillet 1942 à 18 heures.

Cher madame Montini

Je vous pris de bien vouloir monté chez moi avec ma mère lorsqu'elle viendra pour qu'elle puisse se prendre quelques choses à manger de façon qu'elle nous l'envoit. Vous avez put juger notre départ à la hâte nous n'avons rien put prendre pour manger. Vous avez aussi des enfants et je pense que vous nous comprendrez. Je ne puis vous écrire notre adresse car nous ne la savons pas. J'espère que l'on se verra bientôt et à ce moment je vous récompenserait de votre gentillesse. Bien le bonjour à votre belle sœur ainsi qu'aux enfants. Votre très reconnaissante locataire avec mes meilleurs vœux

Mme Manela

P.S Bonjour de Jeannot pour tous. Bien des choses de M^r et Mme Haber ainsi que de Rosa

Chère madame Montini,
Je vous prie de bien vouloir monter chez moi avec ma mère lorsqu'elle viendra pour qu'elle puisse prendre quelque chose à manger de façon qu'elle nous l'envoie. Vous avez pu juger notre départ à la hâte. Nous n'avons rien pu prendre pour manger. Vous avez aussi des enfants et je pense que vous nous comprendrez. Je ne puis vous écrire notre adresse car nous ne la savons pas. J'espère que l'on se verra bientôt et à ce moment je vous récompenserai de votre gentillesse. Bien le bonjour à votre belle-sœur ainsi qu'aux enfants. Votre très reconnaissante locataire avec les meilleurs vœux.

Mme Manela

PS : Bonjour de Jeannot pour tous. Bien des choses de M. et Mme Haber[1] ainsi que de Rosa.

La mère et le fils sont parmi les premiers à être transférés au camp de Pithiviers, le 19 juillet 1942. Le 2 août, ils sont séparés. Szajndla est déportée le lendemain par le convoi 14 à destination d'Auschwitz-Birkenau. Elle ne reviendra pas.

Jean reste seul à Pithiviers près de deux semaines. Sa tante Anita, catholique et libre de circuler, réussit à se rendre dans le Loiret et à approcher du camp. Elle parvient à apercevoir Jean, qui est « dans un état lamentable ». C'était après le départ de sa mère.

---

1. M. et Mme Haber et leur fille Rosa, neuf ans, habitent dans le même immeuble que Szajndla Manela. Ils ont été arrêtés ensemble. Tous ont été déportés, les parents par le convoi du 14 août et Rosa, par le convoi 20 du 17 août 1942.

Le 15 août 1942, Jean est « muté » à Drancy. Il en repart le 19 août par le convoi 21 qui quitte Drancy pour le camp d'Auschwitz-Birkenau. Jean n'avait pas encore douze ans. Il n'est pas rentré de déportation.

Louis Wartski est le cousin germain de Jean. C'est lui qui fait don des documents au Mémorial de la Shoah en 1998. Sa tante Anita lui avait raconté, bien après la guerre, son expédition à Pithiviers.

Il y a toujours plus d'arrivages

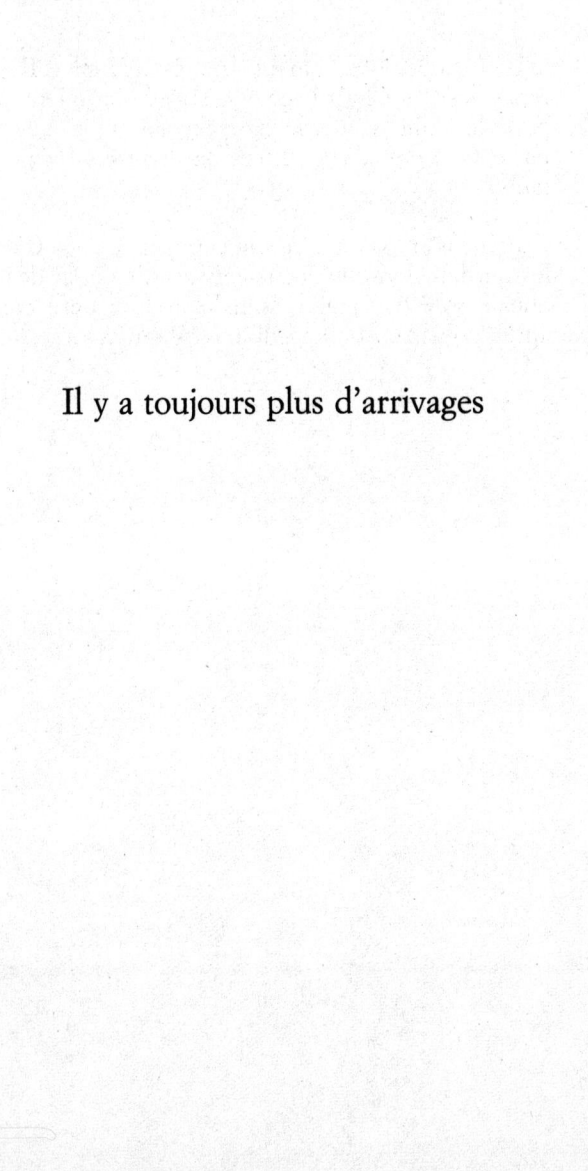

On ignore pourquoi Anna Kamila Lachs a été envoyée au Vél'd'Hiv après son arrestation, le 16 juillet 1942. En principe, les personnes arrêtées seules, sans enfants, étaient directement internées au camp de Drancy. C'est pourtant du Vél'd'Hiv qu'Anna Kamila écrit une lettre à sa mère. Elle est datée du 16 juillet à midi trente.

Chérie, Je t'en prie sois calme comme je le suis. Ne sors ni aujourd'hui ni demain, j'ai présenté mon cas à une assistante sociale qui doit s'en occuper, je lui ai aussi donné les 2 photos d'identité, elle va se mettre en rapport avec Katz et Mme Glenn. D'autre part je voudrais que Élise fasse ce qu'elle peut par la Mme Molina, il me faut la carte jaune de la Bienfaisance. Ci-joint 2 autres photos qui peut-être peuvent servir pour cette carte. Ce n'est pas si mal que cela, je m'occupe d'autres aussi malheureux, pour l'instant on attend au Vel d'Hiver où il y a toujours de nouveaux arrivages, des enfants, femmes, hommes, il y en a de tout. Ce sont les Polon. ukrainiens, Autrich, Russes, Allemands mais je crois qu'il y a une limite d'âge mais je ne sais laquelle. Fais attention à toi, je t'assure sur tout ce que tu veux que je suis plus calme que je ne l'étais, je n'ai pas versé une seule larme et n'ai pas l'intention d'en verser. Peut-être si Élise peut faire qqchose ou bien par Weil (Anna) qui comme Roumaine ne risque rien on se reverra bientôt. Sinon je me débrouille et me débrouillerai en aussi autant qu'il faudra, il faut finir jusqu'au bout. Je voudrais bien savoir aussi calme et tranquille que je le suis moi-même. Je t'embrasse chérie et bon courage. Si je ne sors pas très vite tu auras peut-être une perquisition mais alors regarde bien sur les objets et que les Pour. soit là. Mille baisers

Kan

le 16.7. midi-trente.

© *Mémorial de la Shoah, collection Cohen*

Chérie,
Je t'en prie sois calme comme je le suis. Ne sors ni aujourd'hui ni demain, j'ai présenté mon cas à une assistante sociale qui doit s'en occuper, je lui ai aussi donné les deux photos d'identité, elle va se mettre en rapport avec Katz et Mme Stern. D'autre part, je voudrais qu'Élise fasse ce qu'elle peut par Mme Molina. Il me faut la carte jaune de la Bienfaisance[1]. Ci-joint deux autres photos qui peut-être peuvent servir pour cette carte. Ce n'est pas si mal que cela, je m'occupe d'autres aussi malheureux. Pour l'instant on attend au Vél'd'Hiver où il y a toujours plus d'arrivages, des enfants, femmes, hommes, il y a de tout. Ce sont des Polon[ais], Tchèques, Autrich[iens], Russes, Allemands mais je crois qu'il y a une limite d'âge mais je ne sais laquelle. Fais attention à toi, je t'assure sur tout ce que tu veux que je suis plus calme que je ne l'étais, je n'ai pas versé une seule larme et n'ai pas l'intention d'en verser. Peut-être si Élise peut faire quelque chose ou bien par Weil (Anna) qui comme roumaine ne risque rien. On se reverra bientôt. Sinon je me débrouillerai encore autant qu'il faudra, il faut tenir jusqu'au bout. Je voudrais bien te savoir aussi calme et tranquille que je le suis moi-

---

1. Rue de la Bienfaisance est situé le siège des services sociaux de l'Union générale des israélites de France (UGIF). L'UGIF est fondée, sur injonction des Allemands, par une loi du gouvernement de Vichy du 29 novembre 1941 ; elle vise à fondre les Juifs en une seule communauté et garantit en échange l'existence d'un certain nombre de structures d'assistance. Mme Stern est la responsable du service social. La carte jaune, « carte de légitimation » attribuée aux membres du personnel de l'UGIF, les fait bénéficier d'une relative protection.

même. Je t'embrasse chérie et bon courage. Si je ne sors pas très vite, tu auras peut-être une perquisition mais alors regarde bien sûr les objets et que M. P. soit là. Mille baisers.

*Kam
Le 16.7, midi trente*

Dans une deuxième lettre non datée mais toujours expédiée du Vél'd'Hiv, Anna Kamila Lachs transmet à sa mère de très nombreux détails sur les conditions de vie dans l'enceinte sportive.

Chérie, j'ai écrit jeudi une lettre et aujourd'hui un pneu à Élise, j'espère que tu les as reçu ou lu. Je vais tout à fait bien ce que voudrais seulement savoir que tu es plus tranquille, que tu ne te tracasses pas trop pour moi. Il y a ici plusieurs cas comme le mien elles sont dire avec un papier provisoire de la Bienfaisance et il paraît qu'hier il y avait ici Mr Storve qui aurait déclaré que celles qui sont sur leur liste – moi alors aussi – seront arrangées aujourd'hui ou demain. Il y a une merveilleuse pagaille ici, mais en bavaque les estaço comme de juste, personne ne sait rien, on ne peut trouver aucun membre de la fameuse Bienfaisance, mais c'est à espérer que tôt ou tard mon affaire va s'arranger. J'ai soupé ici hier soir avec Gramette et le tout petit. Mme Krusczyk fut prise encore lundi, seule, elle n'est pas ici, peut-être à Drancy, oui, les femmes seules sont envoyées là-bas. Enfin cela doit toujours jusqu'à ce que l'histoire fasse dans une pagaille pareille, demain matin on commence avec les enfants de la catégorie J, et je ne suis à une dame avec une très gentille fillette qui j'espère va sortir que je donne cette lettre. Elle le dira que vraiment cela n'est pas si mal et j'espère que cela ne va pas empirer plutôt s'améliorer. J'étais très requinché pour toi mais j'ai passé en revue les ennuis venus d'hier et j'ai profondément respiré que tu n'étais pas parmi eux. Peut-être que avec l'aide de Gramette Jeanne te sera épargnée. Je répète rapa, j'ai déjà écrit deux fois : Il me faut une régulière carte jaune pour laquelle je t'ai joint deux photos. Puisque je ne voudrais pas que tu sortes jusqu'à la semaine prochaine je crois que tu auras quoi à manger malgré que tu m'as donné tout ce qui s'est trouvé sous la main et que tu manges, puisqu'il le faut. J'ai écrit à Élise qui comme Française c'est pas vicié qu'elle tâche de faire quelque chose par le Mr Molina, dont le patronne est Mr Flers, et à Katz qui peut-être pourrait-on arriver via Luna-Weil. Elle non plus ne risque rien. Ce sont seulement les Polonais, Tchèques, Autrichiens, Allemands, Belges et Hollandais, rien d'autres nationalités. Peut-être en rappelant Mr Brol – Mr Kaminski pourrait intervenir pour hâter les démarches. Parceque ces messieurs qui dorment dans leur lit et sont tranquillement assis sur leurs derrières qui repoussent ne sont pas trop pressés, si ce n'est pas fait aujourd'hui, on a toujours demain devant soi. Enfin, j'espère que tu as reçu mes lettres et pneus tu as alerté par téléphone qui tu pouvais et le reste il faut l'attendre. Je suis ici de compagnie avec 2 jeunes femmes dont chacune a un enfant de 5 ou 6 ans respectivement. Il est probable que justement ces deux jeunes femmes vont sortir et alors l'une d'elles te donnera en même temps que cette lettre de mes nouvelles.

© Mémorial de la Shoah, collection Cohen

L'hygiène laisse un peu beaucoup à désirer mais depuis 3 ans qu'on est là on devrait avoir déjà l'habitude. Enfin moi je m'habitue assez facilement. On peut venir à manger, du lait ou bouillie pour enfants, une fois des madeleines blanches comme avant la guerre et des batons de chocolat au lait, d'autre part du bouillon et du pain et avec les provisions qu'on a on a pas faim du tout. Alors maintenant tu sais tout ce qui peut t'intéresser et je termine parceque je ne sais plus ce que je pourrais encore te raconter. À bientôt j'espère chérie mais sinon il faut absolument que tu tiennes comme moi j'ai l'intention de tenir bon jusqu'à la fin de ce cauchemar et je t'en supplie fais de même. Mes meilleurs sentiments pour Ana, Elise, Blanche etc. et je t'embrasse de tout mon cœur. Au revoir et bon courage

Ken

De ma très chère fille pendant sa déportation

Chérie,
J'ai écrit jeudi une lettre et aujourd'hui un pneu à Élise. J'espère que tu les as reçus ou lus. Je vais tout à fait bien et je voudrais seulement savoir que tu es plus tranquille, que tu ne te tracasses pas trop pour moi. Il y a ici plusieurs cas comme le mien, cela veut dire avec un papier provisoire de la Bienfaisance et il paraît qu'hier il y avait ici M. Stora qui aurait déclaré que celles qui sont sur leur liste – moi alors aussi – seront arrangées aujourd'hui ou demain. Il y a une merveilleuse pagaille ici, mais un balagan na calego[1] *: comme de juste, personne ne sait rien, on ne peut trouver aucun membre de la fameuse Bienfaisance, mais c'est à espérer que tôt ou tard mon affaire va s'arranger. J'ai trouvé ici Mme Wood avec Jeannette et le tout petit. Mme Kruezyk fut prise encore lundi, seule, elle n'est pas ici, peut-être à Drancy, oui les femmes seules sont envoyées là-bas. Enfin, cela dure toujours jusqu'à ce que l'ordre se fasse dans une pagaille pareille, demain matin on commence avec les enfants de la catégorie J1 et J2*[2] *et c'est à une dame avec une très gentille fillette qui j'espère va sortir que je donne cette lettre. Elle te dira que vraiment cela n'est pas si mal et j'espère que cela*

---

1. Expression polonaise, littéralement, « pagaille sans nom ».
2. Le 10 mars 1940, un décret et un arrêté ministériel parus au *Journal officiel* fixent les dates du recensement et établissent les cartes de rationnement. Chaque personne est classée dans une catégorie : catégorie E, les enfants de moins de trois ans, J1, les enfants de trois à six ans révolus, J2, les enfants de six à douze ans, J3 de treize à vingt et un ans et les femmes enceintes. Existent également les catégories A et T pour les adultes selon qu'ils exercent ou pas des travaux de force.

ne va pas empirer, plutôt s'améliorer. J'étais très inquiète pour toi mais j'ai passé en revue les nouveaux venus d'hier et j'ai profondément respiré que tu n'étais pas parmi eux. Peut-être qu'avec l'aide de Dieu cette épreuve te sera épargnée. Je répète ce que j'ai déjà écrit deux fois : il me faut une régulière carte jaune pour laquelle je t'ai joint deux photos. Puisque je ne voudrais pas que tu sortes jusqu'à la semaine prochaine, je crois que tu auras (de) quoi manger malgré que tu m'as donné tout ce qui t'est tombé sous la main et que tu manges, parce qu'il le faut. J'ai écrit à Élise, qui comme française n'est pas visée, qu'elle tâche de faire quelque chose par Mme Molina, dont la patronne est Mme Stern, et à Katz peut-être pourrait-on arriver via Bunna-Weil. Elle non plus ne risque rien. Ce sont seulement les Polonais, Tchèques, Autrichiens, Allemands, Belges et Hollandais, [pas] d'autres nationalités. Peut-être en appelant Mme Broh, M. Kaminski pourrait intervenir pour hâter les démarches. Parce que ces messieurs qui dorment dans leur lit et sont tranquillement assis sur leur derrière « gut gepolstert[1] » ne sont pas trop pressés, si ce n'est pas fait aujourd'hui, on a toujours demain devant soi. Enfin j'espère que tu as reçu mes lettres et que tu as alerté par téléphone qui tu pouvais et le reste il faut l'attendre. Je suis ici de compagnies avec deux jeunes femmes dont chacune a un enfant de cinq ou six ans respectivement. Il est probable que justement ces deux femmes vont sortir et alors l'une d'elles te donnera en même temps que cette lettre de mes nouvelles.

---

1. Expression allemande qui veut dire « bien douillet », « rembourré ».

L'hygiène laisse un peu beaucoup à désirer mais depuis trois ans qu'on est là [en France], on devrait avoir déjà l'habitude. Enfin moi je m'habitue assez facilement. On donne même à manger, du lait ou bouillie pour enfants, une fois des madeleines blanches comme avant la guerre et des bâtons de chocolat au lait, d'autre part du bouillon et du pain et avec les provisions qu'on a, on a pas faim du tout. Alors maintenant tu sais tout ce qui peut t'intéresser et je termine parce que je ne sais plus ce que je pourrais encore te raconter. À bientôt, j'espère chérie mais sinon, il faut absolument que tu tiennes comme moi j'ai l'intention de tenir bon jusqu'à la fin de ce cauchemar et je t'en supplie fais de même. Mes meilleurs sentiments pour Anna, Élise, Blanche etc. et je t'embrasse de tout mon cœur. Au revoir et bon courage.

Kam

Anna Kamila est née le 30 juillet 1909 à Cracovie (Pologne) ; son prénom usuel est Kamila. En 1939, elle se trouve à Londres. Docteur en droit et en philosophie, elle quitte la Pologne pour la Grande-Bretagne afin d'y suivre des études de médecine ou d'infirmière. Issue d'une famille de juristes, il semble que ce soit en raison des incertitudes politiques qu'elle décide de choisir un métier plus recherché.

Inquiète pour sa mère Dora, alors en cure en France et qui ne peut ni retourner en Pologne, ni venir la retrouver en Angleterre, Kamila décide de venir la rejoindre à Paris, où elle arrive à la fin de l'été 1939.

Elles vivent d'abord dans un petit hôtel puis trouvent un logement au 11, square Jean-Thibault dans le XVe arrondissement.

Les seuls éléments relatifs à Kamila Lachs retrouvés dans les archives sont la fiche conservée dans le fichier général de la préfecture de police de Paris dit « fichier familial Préfecture[1] » et celle établie lors de son entrée à Drancy. Sur cette dernière fiche, on apprend que Kamila est arrivée à Drancy le 10 septembre 1942 ; il n'y a en revanche aucune indication sur sa provenance. Kamila n'apparaît pas parmi les internés à Pithiviers et Beaune-la-Rolande : qu'est-il advenu d'elle entre le 16 juillet et le 10 septembre ? Sur la fiche de la préfecture, une mention manuscrite à peine lisible indique : « arrêtée le 16 juillet 1942, libérée le 17 juillet ».

On peut donc imaginer que les démarches tentées par Anna Kamila et évoquées dans ses lettres ont porté leurs fruits.

Grâce à cette libération, Kamila va avoir le temps de mettre sa mère à l'abri dans un couvent situé

---

1. Il existe plusieurs fichiers établis entre 1940 et 1944 et communément appelés « fichiers juifs ». Ces fichiers sont la propriété des Archives nationales de France mais ils sont conservés et présentés au Mémorial de la Shoah dans une enclave qui leur est dédiée. Il existe cinq fichiers distincts : le fichier général, parfois appelé fichier familial, établi au nom du chef de famille et sur lequel figurent les noms des enfants de moins de quinze ans, les fichiers individuels adultes et enfants, tous trois établis par la préfecture de police ; le fichier des camps de Pithiviers et Beaune-la-Rolande ; le fichier du camp de Drancy. Ces documents, librement communicables, sont consultables aux Archives nationales et au Mémorial de la Shoah.

dans l'Orne, avant d'être de nouveau arrêtée. Conduite à Drancy où elle entre le 10 septembre 1942, elle est déportée quatre jours plus tard par le convoi n° 32. Elle ne reviendra pas.

Les lettres de Kamila ont été déposées au Mémorial de la Shoah par sa nièce, en octobre 2007.

Jeannot pleure tout le temps

La famille Garnek vit dans le IIIᵉ arrondissement de Paris : Chaïm-Louis, Gitla et leurs trois enfants. Clara est née le 24 janvier 1927, elle a deux frères : Henri, né le 14 août 1931 et Jean, né le 13 mars 1939.

Ils sont parmi les premiers à être arrêtés, le jeudi 16 juillet à 3 h 30 du matin.

Deux jours plus tard, Clara, seize ans, écrit à ses oncle, tante et cousines, et décrit leur situation déjà dramatique.

Paris le 18/7 1942

chers oncle, tante et cousines

q.q. mots pour vous dire que nous avons été pris jeudi
à 3H½ et on nous a conduit au Vélodrome d'hiver.
Nous sommes très malheureux. à chaque instant il y a
de nouveaux malades, il y a des femmes enceintes, des
aveugles... nous couchons par terre.

Hier, on nous a donné du lait pour les
enfants de moins de 10 ans, une tartine de pain —
une tablette de chocolat — une madeleine — des
pâtes.

Je ne sais si on pourra supporter encore longtemps
ceci. Maman n'en peut plus. C'est encore plus
abrutissant que toutes les femmes racontent des choses
qui ne tiennent pas debout et au lieu de se remonter
elles descendent et celles qui ont un peu de courage
elles le perdent petit à petit.

Je ne peux pas en écrire plus long.
et nous espérons vous revoir bientôt

Jeannot pleure tout le temps parce
qu'il veut retourner à la maison

Clara

© Mémorial de la Shoah, collection Garnek

Paris, le 18/7/1942

Chers oncle, tante et cousines,
Deux mots pour vous dire que nous avons été pris jeudi à 3 heures et demie et on nous a conduit au vélodrome d'hiver.
Nous sommes très malheureux. À chaque instant, il y a de nouveaux malades, il y a des femmes enceintes, des aveugles... nous couchons par terre.
Hier, on nous a donné du lait pour les enfants de moins de dix ans – une tartine de pain une tablette de chocolat – une madeleine – des pâtés.
Je ne sais si on pourra supporter encore longtemps ceci. Maman n'en peut plus. C'est encore plus abrutissant que toutes les femmes racontent des choses qui ne tiennent pas debout et au lieu de se remonter elles se descendent et celles qui ont un peu de courage elles le perdent petit à petit.
Je ne peux pas en écrire plus long et nous espérons vous revoir bientôt.
Jeannot pleure tout le temps parce qu'il veut retourner à la maison.

Clara

Les parents de Clara sont d'origine polonaise, mais les trois enfants sont nés à Paris et sont scolarisés dans le IIIe arrondissement. Chaïm est tailleur.

Le 20 juillet suivant, après quatre jours passés au Vél'd'Hiv, toute la famille est transférée au camp de Pithiviers. Clara, sa mère et ses frères sont affectés à la baraque 4 tandis que Chaïm-Louis est inscrit sur les registres de la baraque 57. C'est la première séparation.

Il n'existe qu'une seule autre lettre de Gitla, écrite en yiddish, et envoyée du camp de Pithiviers. Elle n'est pas datée, mais Gitla y annonce que son mari est déjà parti. Chaïm-Louis est en effet le premier à être déporté de Pithiviers par le convoi 13 du 31 juillet 1942.

Gitla demande à ses proches de tenter d'approcher du camp. Elle souhaite leur remettre tous les biens et objets de valeur qu'elle a réussi à prendre avec elle car elle sait qu'ils lui seront bientôt confisqués.

Traduction de la lettre écrite en yiddish :

Chers beau-frère, belle-sœur et enfants,
Je vous ai déjà écrit de nombreuses lettres, sans recevoir de réponse. Mais quand nous avons reçu votre paquet, nous en étions très contents. Je ne peux vous demander davantage de paquets, puisque je ne sais pas combien de jours je resterai encore ici. Louis a été envoyé jeudi dernier, avec beaucoup d'autres hommes et femmes. Ce lundi, un grand nombre de femmes et d'hommes sont partis. Nous sommes restées très peu de femmes, avec tous les enfants français, dont les parents ont été envoyés. Nous sommes ici et attendons chaque jour notre tour. Même en partant on n'a pas le droit de prendre avec soi quoi que ce soit, même pas d'argent. Peut-être vous serait-il possible de nous envoyer un ami qui s'approcherait jusqu'à notre grande porte et parlerait avec ceux qui font la garde devant cette porte. Si la personne arrive à pénétrer jusqu'à chez nous, j'aurais voulu lui parler directement, et lui transmettre pour vous beaucoup de choses que j'ai emmenées avec moi. Avec la poste, nous n'avons pas le droit

d'envoyer quoi que ce soit. Si vous pouvez le faire, faites-le le plus tôt possible. En même temps, prenez de l'argent chez la concierge et achetez un peu de fruits et de la viande salée, pour nous envoyer. Sinon, envoyez-le de la même manière comme vous avez déjà fait. Nos enfants en seront très contents. Et écoutez : si les enfants restent ici, je vous prie de vous occuper d'eux. Envoyez-leur tout ce que vous réussirez à acheter. [...]

Clara et sa mère Gitla sont déportées de Pithiviers, par le convoi 16, le 7 août 1942. Henri, onze ans, et son frère Jean, trois ans, y restent seuls avant d'être renvoyés à Drancy le 22 août suivant. Henri et Jean sont tous deux déportés à Auschwitz par le convoi 26, le 31 août 1942. Aucun ne reviendra.

C'est Germaine Garnek, la cousine de Clara, qui a conservé la précieuse lettre. Elle en a fait don au Mémorial de la Shoah en 1998. Germaine Garnek est aujourd'hui décédée.

Nous faisons appel à votre bon cœur

Alors que son mari Maurice est parti se cacher, Marjem Lewenstadt est restée seule avec ses trois filles. Internée le 17 juillet 1942, Marjem écrit à Hélène, une amie et voisine, en lui donnant l'adresse du Vél'd'Hiv. Elle demande des nouvelles de Maurice ; elle ignore où il se trouve.

Paris le 17 juillet 1942

Chère Hélène

Ces quelques mots pour t'informer de nos nouvelles. Pour l'instant nous ne savons de ce qu'il va advenir de nous. J'espère que vous vous êtes au moins en liberté. Donne bien le bonjour à tes parents et demande à ta mère qu'elle s'avise si Madame Rabe encore présente. Voulez-vous avoir l'obligeance de bien vouloir nous expédier tout ce que vous pourrez. Ne craignez rien nous vous

© *Mémorial de la Shoah, collection Lewenstadt*

restituerai tout. Puisque vous
avez en main mon tailleur en
main ainsi que mon man-
teau. Enfin vous n'êtes pas
obligée. Nous faisons appel
à votre bon cœur.

N'Ayez pas peur pour votre
culotte. Dites moi si vous
savez où est monsieur
Maurice. Enfin un Bonjour
pour toutes mes camara-
des si elles sont encore là
Régine et Rosy ainsi que
pour toi Hélène.

Je t'en prie Réponds moi
pour l'instant nous so-
mmes toi mais dans quelques
jours nous serons envoyés ca-

3

destination inconnue

Voici mon Adresse

Mme Levenstadt
Véladrome d'hiver

Paris, le 17 juillet 1942
Chère Hélène,
Ces quelques mots pour t'informer de nos nouvelles. Pour l'instant, nous ne savons pas ce qu'il va advenir de nous. J'espère que vous vous êtes au moins en liberté. Donne bien le bonjour à tes parents et demande à ta mère qu'elle s'avise si Mme Rabi est encore présente. Voulez-vous avoir l'obligeance de bien vouloir nous expédier tout ce que vous pourrez. Ne craignez rien, nous vous restituerons tout puisque vous avez en main mon tailleur ainsi que mon manteau. Enfin, vous n'êtes pas obligée. Nous faisons appel à votre bon cœur.
N'ayez pas peur pour votre culotte. Dites-moi si vous savez où est monsieur Maurice. Enfin, un bonjour pour toutes mes camarades si elles sont encore là, Régine et Rosy ainsi que toi Hélène.
Je t'en prie. Réponds-moi. Pour l'instant nous sommes là, mais dans quelques jours nous serons envoyées à destination inconnue.
Voici mon adresse.
Mme Lewenstadt,
Vélodrome d'hiver.

Abous (dit Maurice) Lewenstadt et Marjem Cybula sont nés en Pologne, respectivement à Lipsk et à Varsovie.

Ils arrivent en France avec leur première fille, Stella, née le 19 septembre 1924 à Varsovie (Pologne).

La famille s'installe à Paris en plein cœur du Pletzl[1], 5, rue Ferdinand-Duval dans le IVe arrondis-

---

1. *Pletzl* : littéralement, la « petite place ». Terme yiddish utilisé pour désigner le quartier juif.

sement. Deux autres filles viennent agrandir la famille, Rosette, le 30 janvier 1930 et Raymonde, le 29 avril 1932.

Maurice, engagé volontaire le 8 mai 1940, est démobilisé le 7 septembre suivant à Caussade (Tarn-et-Garonne). Rentré à Paris, il trouve un travail d'ajusteur puis de colporteur.

Après plusieurs jours au Vél'd'Hiv, Marjem et ses filles sont transférées à Pithiviers. La première carte envoyée de ce camp date du 27 juillet. Elle est destinée à Mme Goldnadel et à Hélène, au 20, rue des Écouffes (Paris IVe).

Pithiviers, le 27 juillet

[...] Nous comptons sur vous car vous êtes les seuls qui puissiez nous aider. J'espère que vous ne serez pas insensibles à notre malheur. Dans un cas pareil, chacun doit s'entraider, surtout entre Juifs. [...]

Pithiviers, le 29 juillet

[...] Nous nous trouvons à Pithiviers et nous sommes depuis quinze jours sans ressources. [...]

Deux jours plus tard, Marjem écrit à une autre voisine, Mme Régeasse au 5, rue Ferdinand-Duval (Paris IVe) pour lui demander d'accueillir ses deux plus jeunes filles. Le même jour, l'une des fillettes écrit à un destinataire inconnu pour savoir s'il accepterait de la nourrir, elle et sa sœur. Toutes semblent persuadées qu'étant françaises, elles seront libérées par la Croix-Rouge si elles peuvent justifier leur prise en charge.

Pithiviers, le 31 juillet

Chère Madame,
Veuillez avoir l'amabilité de garder mes enfants pour coucher car on va les envoyer à Paris parce qu'elles sont françaises. Pour la nourriture, nous mangerons dans un restaurant. Et si vous pouvez nous rendre ce service nous vous donnerons de l'argent. Je vous prie de nous rendre ce service car nous avons beaucoup d'ennuis avec cela. Vous n'aurez rien à vous occuper, nous sommes déjà grandes et nous pouvons prendre soin de nous. Vous n'avez pas besoin de nous répondre, la Croix-Rouge viendra à Paris chez vous et vous le lui direz […]

Lettre de Rosette ou Raymonde

Pithiviers, le 31 juillet

Chère Madame,
Je vous prie, est-ce que c'est possible d'avoir de la nourriture chez vous car nous sommes françaises et l'on va nous expédier à Paris. Alors la Croix-Rouge va venir, alors elle va vous demander si vous pouvez nous donner à manger. Quand la Croix-Rouge viendra vous voir, vous serez priée de leur dire que vous nous gardez chez vous car sans cela elle ne voudra pas. Mais nous mangerons seulement chez vous et pour coucher nous irons chez la concierge. Alors je vous prie de leur dire que vous nous gardez car sans cela nous n'irons pas à Paris. […]

Le 31 juillet 1942, c'est la date du départ du convoi 13. Stella en fait partie, elle est la première à être déportée. Elle est assassinée à Auschwitz le 16 septembre 1942.

Marjem, séparée de ses deux autres filles, est déportée trois jours après Stella, par le convoi 14 qui quitte Pithiviers le 3 août 1942.

Raymonde et Rosette restent seules à Pithiviers. Rosette, ou peut-être est-ce Raymonde, fait une dernière tentative pour obtenir de l'aide. Elle se tourne vers un ancien client de son père.

Pithiviers, le [sans date]

Cher Monsieur,
Je viens près de vous faire appel à votre âme généreuse et à votre bon cœur. J'ai attendu jusqu'à ce moment dans l'espoir de recevoir un colis. Mais maintenant je crois que je suis dans le désespoir. Je crois aussi que je suis seule et qu'il n'y a personne qui puisse nous secourir. Alors monsieur je m'adresse à vous pour que vous ayez la gentillesse de nous aider, surtout dans les cas pareils. Je vous prie monsieur, faites-moi ce petit service. On a séparé ma mère de moi et ma grande sœur qui a dix-sept ans. Et je ne sais pas où elles sont. Je crois bien qu'elles sont à Metz entre l'Allemagne et la Pologne. Savez-vous où est notre père ? Si vous savez des nouvelles de notre père, envoyez-les-nous, car nous sommes impatientes de les savoir. Il nous reste plus personne de nos parents qui sont auprès de nous, alors il nous reste plus qu'à mourir. Pour nous, la vie était trop belle, il ne fallait pas qu'elle dure. Chez nous, nous avions tout ce qu'il nous fallait, nous ne manquions de rien, mais c'était trop beau, hélas ! Alors monsieur, ayez pitié de nous, faites une œuvre charitable. Le moindre petit

colis nous ferait plaisir. Je pleure lorsque je me demande où sont mes parents et je ne peux pas m'imaginer qu'on ait pu faire une chose pareille. Si vous voulez nous envoyer un colis, ne l'envoyez pas maintenant car nous allons bientôt partir et avant qu'on parte, on va nous fouiller et on va nous prendre la moindre petite chose. [...]
PS : vous savez qui est notre père, c'est celui qui venait tous les jours chez vous et qui vous apportait de l'étoffe. Nous habitions 5, rue Ferdinand-Duval.

Raymonde et Rosette sont transférées à Drancy le 15 août 1942. Elles seront déportées par le convoi 21 qui quitte Drancy le 19 août 1942.

Après l'arrestation de sa femme et de ses filles, Maurice s'est réfugié chez la mère d'un de ses amis en banlieue parisienne. Il est arrêté lors d'un contrôle d'identité dans le métro en avril 1943 et conduit à Drancy. Dans une dernière lettre datée du 23 juin 1943 adressée à une de ses amies, il annonce son départ en déportation.

Drancy, le 22 juin 1943

[...] Cette carte est la dernière que j'écris à Drancy. En effet, nos craintes se sont réalisées et nous partons demain mercredi à l'aube. Nous ne savons pas du tout où on nous emmènera ; n'oubliez pas, s'ils reviennent avant moi, ma femme et mes enfants. [...]

L'épouse du frère jumeau de Maurice, Esther Lewenstadt-Sobol, a été également arrêtée pendant la rafle du Vél'd'Hiv et a été déportée par le convoi

12 qui quitte Drancy le 29 juillet 1942. Ses deux enfants ont été cachés par des voisins.

Les lettres de la famille Lewenstadt ont été remises au Mémorial de la Shoah en octobre 2001 par la petite-nièce et le petit-neveu de Maurice.

Nous manquons de presque tout

C'est une famille entière qui est arrêtée ce jeudi 16 juillet 1942. Les Polakiewicz vivent au 43, rue Vieille-du-Temple, dans le IVe arrondissement de Paris. David, Fejga et leurs trois enfants, Rachel (Ruchla), Froïm et Szmil (Léon) sont tous nés en Pologne. Ils sont arrivés en France après 1929. Ils pensaient avoir trouvé une terre d'accueil.

Les lettres de Rachel sont adressées à Mme Sebbane, une de leurs voisines et amie. À cette date, la famille Sebbane, française, n'est pas touchée par la vague d'arrestations.

Paris le 16 juillet

Chers tous,

Quelques mots pour vous dire que nous sommes tous au Vel d'Hiv (Vélodrome d'Hiver) y compris Mme Zouzou. Nous sommes tous assis tout autour, sur les fauteuils comme au spectacle, mais ce sont nous les artistes. Inutile de vous dire que c'est archi-plein. Nous sommes tous dans une situation peu enviable. Il y en a une – ménage, je ne vous dis que ça, avec tous ces enfants, il y en a qui se perdent, il y a des malades, et on ne s'entend presque pas. Nous avons tous un mal de tête fou. Nous venons de « dîner » et nous essayerons de nous reposer un peu. On va dormir debout, quoi ! On ne sait pas combien de temps on restera ici, en tous cas, pour la 1ère journée j'en ai marre, marre. Je ne fais que pleurer, je ne crois pas que ça me serve à quelque chose, mais c'est

© *Archives Yad Vashem*

plus fort que moi. Je pense
à Armand, il sera autant
malheureux que moi de me
savoir dans un camp. En plus
nous ne savons rien de Sonia
et ce n'est pas réjouissant. Mon
pauvre Armand qui avait
l'habitude d'avoir presque
tous les jours une carte de
moi, je ne crois pas pouvoir
lui écrire. Lorsque nous aurons
une adresse stable, vous n'enverrez
ses cartes car il va certainement
continuer à m'écrire. Enfin
on verra ça plus tard, pour le
moment, faite un peu attention
chez nous, à que vous pouvez
prendre, prenez-le, fouillez
partout, vous trouverez bien des
choses à manger. Tout ce qui
est chez Kalmar, c'est à nous.
Je finis, j'ai le cœur bien gros,
ce soir je ne pourrai pas monter
chez vous. Tout le monde vous
embrasse bien. De gros baisers
de ma part à vous tous et à Manne
que je n'ai pas vu avant de partir
votre amie pour toujours

Rachel

Paris, le 16 juillet

Chers tous,
Quelques mots pour vous dire que nous sommes tous au Vél d'Hiv (vélodrome d'hiver), y compris Mme Zonszajn[1]. Nous sommes tous assis tout autour, sur les fauteuils comme au spectacle, mais ce sont nous les artistes. Inutile de vous dire que c'est archiplein. Nous sommes tous dans une situation peu enviable. Il y a un remue-ménage, je ne vous dis que ça, avec tous ces enfants, il y en a qui se perdent, il y a des malades, et on ne s'entend presque pas. Nous avons tous un mal de tête fou. Nous venons de « dîner » et nous essayerons de nous reposer un peu. On va dormir debout, quoi ! On ne sait pas combien de temps on restera ici, en tout cas, pour la première journée, j'en ai marre, marre. Je ne fais que pleurer, je ne crois pas que ça me serve à quelque chose, mais c'est plus fort que moi. Je pense à Armand, il sera autant malheureux que moi de me savoir dans un camp. En plus, nous ne savons rien de Sonia et ce n'est pas réjouissant. Mon pauvre Armand qui avait l'habitude d'avoir presque tous les jours une carte de moi, je ne crois pas pouvoir en écrire. Lorsque nous aurons une adresse stable, vous m'enverrez ses cartes car il va certainement continuer à m'écrire. Enfin, on verra ça plus tard, pour le moment, faites un peu attention chez nous, ce que vous pourrez prendre,

---

1. La famille Zonszajn est une autre famille de l'immeuble. Le père avait été arrêté le 14 mai 1941 lors de la rafle dite du « Billet vert » et interné à Beaune-la-Rolande. La femme et les deux enfants, arrêtés lors de la rafle du Vél'd'Hiv, seront déportés par les convois 16 et 21.

prenez-le, fouillez partout, vous trouverez bien des choses à manger. Tout ce qui est chez Kalma, c'est à nous. Je finis, j'ai le cœur bien gros. Ce soir je ne pourrai pas monter chez vous. Tout le monde vous embrasse bien. De gros baisers de ma part à vous tous et à Maurice que je n'ai pas vu avant de partir. Votre amie pour toujours.

Rachel

Le lendemain de l'arrestation, Rachel écrit une seconde lettre.

Paris le 17
Chers tous

Encore quelques mots pour vous dire que nous sommes toujours au Vel d'Hiv. Cette nuit, nous nous sommes allongés par terre, mais il n'avait pas de place suffisante. Quelqu'un m'a marché sur les pieds et il m'a bien arrangée. Je ne peux presque pas marcher, mon pied […] tout en sang. [...] c'est rien à côté de notre bien triste situation. Nous n'avons plus grand chose à manger et nous manquons de [...] et avec ça, combien de temps resterons-nous ici ? Je me suis demandé qu'on croit rêver, ce n'est pas possible qu'une chose aussi horrible nous est arrivée et pourtant c'est la triste vérité. On entend de temps en temps des cris de femme, ça nous donne la chair de poule. Madame Serban, si vous pouvez nous envoyer quelque chose, vous serez bien gentille. Ça nous embête de vous le demander car nous savons que vous avez assez de dérangements sans ça. Mon [...] père aussi se fait du mauvais sang et il vous demande de bien vouloir passer chez son patron et lui expliquer son cas. Vous direz que nous nous

Ils sont venus nous chercher

« *Sachez que je vous ai aimé par-dessus tout, même si je n'ai pu vous le prouver.* »

Edith Schuhova, le 16 juillet 1942.

Edith Schuhova est née à Porod, en Pologne, le 1er mai 1926. Elle est arrêtée avec ses parents, Maximilien et Catherine, et ses deux sœurs, Eva et Yvonne. Ils seront tous déportés ; Maximilien et Edith par le convoi 13 du 31 juillet 1942, Eva et Catherine par le convoi 16 du 7 août 1942, Yvonne, enfin, par le convoi 20 du 17 août 1942. Cette photo d'identité dédicacée *À mon meilleur ami… Edith, le 24 juin 1942* est la seule que nous possédions.

Nous allons être transportés au Vél' d'Hiv

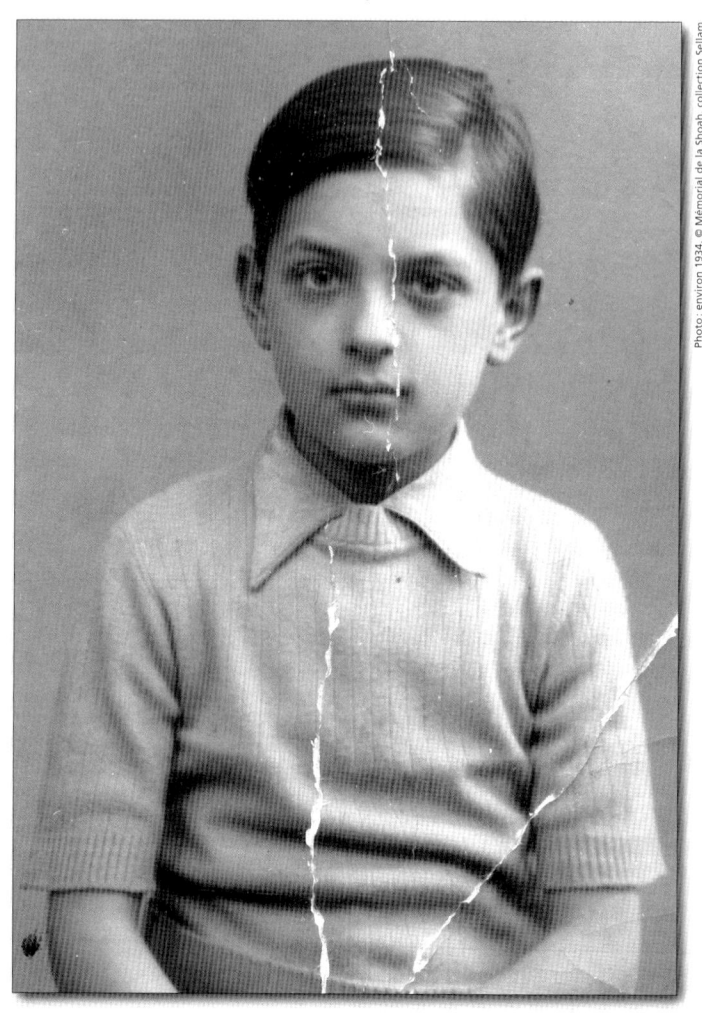

« *Il doit y avoir un départ samedi. J'en serai sûrement.* »
Jacques Bronstein, le 17 août 1942.

Jacques Bronstein, né le 4 septembre 1926, est le fils aîné de Paulette Sztokfisz. Arrêté avec sa mère et sa petite sœur, Raymonde, il est déporté par le convoi 27, le 2 septembre 1942.

« *Raymonde est sortie de l'hôpital vendredi soir et elle est partie samedi matin. J'ai à peine eu le temps de la voir.* »
Jacques Bronstein, le 17 août 1942.

Cette photo qui la représente bébé est la seule de Raymonde Belc. Née le 30 novembre 1937 à Paris, elle a à peine 5 ans lorsqu'elle est arrêtée avec sa mère, Paulette Sztokfisz, et son frère, Jacques Bronstein. Elle est déportée avec lui par le convoi 27, le 2 septembre 1942.

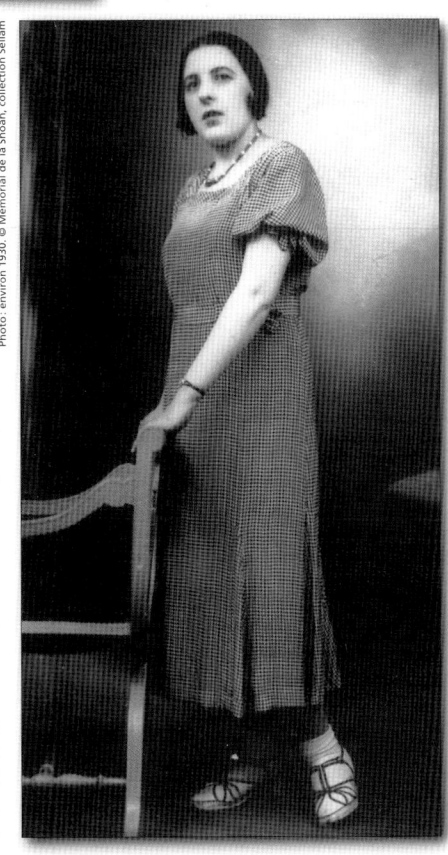

« *La police est venue nous arrêter, avec tous les Juifs de la maison. On nous a enlevés, moi et mes deux enfants.* »
Paulette Sztokfisz, le 16 juillet 1942.

Paulette (Pesa) Sztokfisz est née à Lublin, en Pologne, le 15 avril 1906. Arrêtée avec ses deux enfants, Jacques et Raymonde, elle est déportée par le convoi 16, le 7 août 1942.

Vous avez pu juger notre départ à la hâte

« *Vous avez des enfants, je pense que vous comprendrez.* »
Szajndla Manela, le 18 juillet 1942.

Szajndla Manela est née à Kielce (Pologne) le 7 avril 1906. Elle est arrêtée avec son fils Jean, alors âgé de douze ans. Szajndla est déportée par le convoi 14 du 3 août 1942, Jean par le convoi 21 du 19 août 1942.

Il y a toujours plus d'arrivages

« Je me débrouillerai encore autant qu'il faudra ; il faut tenir jusqu'au bout. »

Anna Kamila Lachs, le 16 juillet 1942.

Anna Kamila Lachs est née le 30 juillet 1909 à Cracovie, en Pologne. Arrêtée seule lors de la rafle du Vél' d'Hiv, elle est relâchée mais reprise quelques semaines plus tard. Elle est déportée du camp de Drancy par le convoi 32, le 14 septembre 1942.

Jeannot pleure tout le temps

« Je ne sais pas si on pourra supporter encore longtemps tout ceci. Maman n'en peut plus. »

Clara Garnek, le 18 juillet 1942.

Clara Garnek est née le 24 janvier 1927 à Paris. Elle pose ici avec son frère, Henri, né le 14 août 1931. Arrêtés avec leurs parents, Chaïm-Louis et Gitla, et leur jeune frère Jean, ils seront tous déportés.
Chaïm-Louis part avec le convoi 13 du 31 juillet 1942, Clara et sa mère le suivent par le convoi 16 du 7 août 1942, Henri par le convoi 26 du 31 août 1942.

« *Jeannot pleure tout le temps parce qu'il veut retourner à la maison.* »
Clara Garnek, le 18 juillet 1942.

Jean est le plus jeune de la famille Garnek ; il est né le 13 mars 1938 à Paris.
Il est déporté avec son frère Henri par le convoi 26 du 31 août 1942.

Ayez pitié de mon enfant

« Je suis seul à Drancy avec quelques amis. Maman est partie avec beaucoup d'autres femmes de Beaune-la-Rolande. »

Henri Pechtner, le 24 août 1942.

Antonina Pechtner est née le 20 octobre 1910 à Lwow, en Pologne.
Elle est arrêtée avec son fils Henri, alors âgé de neuf ans. Antonina est déportée du camp de Beaune-la-Rolande par le convoi 15, le 5 août 1942.
Henri, renvoyé à Drancy, est libéré le 15 septembre suivant.

Antonina a survécu à la déportation.
Dans ce télégramme daté du 10 mai 1945, elle annonce son retour.

Nous manquons de presque tout

« Je ne fais que pleurer, je ne crois pas que ça serve à quelque chose. »
Rachel Polakiewicz, le 16 juillet 1942.

Rachel Polakiewicz est née le 10 mars 1922 en Pologne. Elle est arrêtée avec ses parents, David et Fejga, et ses deux frères, Froïm et Szmil (Léon). Tous sont transportés à Pithiviers. David est le premier à être déporté, le 31 juillet 1942 (convoi 13). Fejga, Rachel et Froïm le suivent par le convoi du 3 août. Léon est le dernier à être déporté par le convoi 16 du 7 août 1942.

Parqués là, pire que des bêtes

« Chacun se demande ce qui nous attend et personne ne sait rien au juste. »

Abram Sztulzaft, le 24 juillet 1942.

Abram, dit Maurice Sztulzaft, est né le 20 avril 1904 à Kowan (Pologne). Lui et sa femme Flora sont arrêtés et internés au Vél' d'Hiv. Celle-ci doit sa libération au motif qu'elle est enceinte. Abram-Maurice, transféré à Pithiviers, est déporté par le convoi 13 du 31 juillet 1942.

Abram-Maurice Sztulzaft avec sa femme Flora et sa fille Hélène.
Flora, libérée du Vél' d'Hiv, va trouver refuge dans une maison pour filles mères à Saint-Maurice (Val-de-Marne), où elle donnera naissance à Michel.
Hélène restera cachée jusqu'à la fin de la guerre. Le fils aîné, Marcel, sera déporté en février 1944.

Maman te demande de nous faire sortir d'ici

« Maman est partie ce matin, comme toutes les femmes sauf les mères de famille nombreuse. »

Rosette Goldfarb, le 2 août 1942.

Paulette (à gauche) et Rosette Goldfarb.
Rosette est née le 25 janvier 1927, et sa sœur Paulette le 6 mars 1928, toutes deux à Paris. Arrêtées avec leur mère, Chaja, elles sont déportées par le convoi 16 du 7 août 1942.

© Mémorial de la Shoah, collection Sender

Chaja Goldfarb est née le 13 juillet 1898 à Brodziski (Pologne). Arrêtée avec ses deux filles, Paulette et Rosette, elle est internée au Vél' d'Hiv puis transférée à Pithiviers. Elle est déportée par le convoi 14 du 3 août 1942.

Nous partons demain du Vélodrome d'Hiver pour le Loiret

« J'ai laissé Clairette à la campagne et je n'ai pas pu aller la chercher, heureusement pour elle car si tu voyais l'état où nous sommes… »
Rose Letitchewsky, le 19 juillet 1942.

Joseph-Haïm (15 août 1897) et Reiza-Rose (3 juin 1899) Letitchewsky sont tous deux nés à Ouman, en Russie. Arrêtés avec leur fils Maurice le 16 juillet 1942, ils sont transportés au Vél' d'Hiv puis à Pithiviers. Joseph-Haïm est déporté par le convoi 13 du 31 juillet 1942, Rose par celui du 3 août 1942.

Maurice Letitchewsky est né le 16 janvier 1928 à Paris.
Ses parents avaient voulu le placer à la campagne avec sa sœur, mais ils n'ont pu trouver de famille d'accueil. Il est déporté par le convoi 16, parti le 7 août 1942.

Il y a encore plus de femmes et d'enfants que d'hommes

« *Je t'embrasse bien ainsi que Robert, Suzanne et Michel.
Je ne pense qu'à vous…* »

Benzion Feldman, le 17 juillet 1942.

Benzion Feldman et sa femme Frida, le jour de leurs noces, en 1936.
Benzion est né le 25 septembre 1895 à Pestchenko, en Russie. Il est arrêté avec toute sa famille, qui sera finalement relâchée, tandis qu'il se verra transféré au Vél' d'Hiv puis à Beaune-la-Rolande, et déporté par le convoi 15 du 5 août 1942.

trouvons tous ici. c'est rue d'
Hauteville n° 38 M̃e Fontebride
ou s'il n'y a personne, chez M̃e
Brochard, 185 rue Vieille
du Temple —

Si vous pouvez nous envoyer 1 ou 2
petites casseroles, ça nous servira
bien. Prenez les chez nous ou chez M̃me
Lonzago. Nous n'avons plus de
pain et impossible de nous en
procurer. Je vous envoie des tickets.
Si vous pouvez trouver des
petits gâteaux pour Liliane —
Si le colis, mettez votre adresse de
retour, car si on n'est plus là
qu'on puisse vous le retourner —
Je pense qu'Odette a écrit à Armand.
Tout le monde vous embrasse
bien des fois. Bonjour
aux voisins et à la
concierge.
   De bien gros baisers
  pour vous tous —
                    Rachel
Jeannette,
la petite amie à
Raphaël se trouve ici également

Paris, le 17

Chers tous,
Encore quelques mots pour vous dire que nous sommes toujours au Vél'd'Hiv. Cette nuit, nous nous sommes allongés par terre, mais il y avait un va-et-vient continuel, quelqu'un m'a marché sur les pieds et il m'a bien arrangée. Je ne peux presque pas marcher, mon petit doigt est tout en sang. Enfin, ce n'est rien à côté de notre bien triste situation. Nous n'avons plus grand-chose à manger et nous manquons de presque tout, et avec ça, combien de temps resterons nous ici ? Je vous assure qu'on croit rêver, ce n'est pas possible qu'une chose aussi horrible nous est arrivée et pourtant c'est la triste vérité. On entend de temps en temps des cris de femmes, ça nous donne la chair de poule. Madame Sebban[1], si vous pouvez nous envoyer quelque chose, vous serez bien gentille, ça nous embête de vous le demander car nous savons que vous avez assez de dérangement sans ça. Mon père aussi se fait du mauvais sang et il vous demande de bien vouloir passer chez son patron et lui expliquer son cas. Vous direz que nous nous trouvons tous ici. C'est rue d'Hauteville n° 38 M. Fontebride, ou s'il n'y a personne, chez M. Brochard, 135, rue Vieille-du-Temple.
Si vous pouvez nous envoyer une ou deux petites casseroles, ça nous servira bien. Prenez-les chez nous ou chez Mme Zonszajn. Nous n'avons plus de pain et impossible de nous en procurer. Je vous envoie des tickets, si vous pouvez trouver des petits gâteaux pour Liliane. Sur le colis, mettez votre adresse de retour car

---

1. Le nom correctement orthographié est « Sebbane ».

si on n'est plus là, qu'on puisse vous le retourner. Je pense qu'Odette a écrit à Armand. Tout le monde vous embrasse bien des fois. Bonjour aux voisins et à la concierge.
De bien gros baisers pour vous tous.
Rachel

Jeannette, la petite amie de Raphaël se trouve ici également.
Si vous pouvez, envoyez-moi quelques cartes interzones et quelques enveloppes. Merci
Si je n'attrape pas une maladie de cœur, je serai en fer.

À partir du 19 juillet, le transfert des familles juives internées au Vélodrome d'Hiver vers les camps du Loiret est organisé. Ils quittent Paris par la gare d'Austerlitz sous une forte escorte. La famille Polakiewicz fait partie des internés transférés le 21 juillet. De la gare d'Austerlitz, Rachel parvient à griffonner une nouvelle lettre qui arrivera, nul ne sait comment, jusqu'à Mme Sebbane.

Le 21,

Chère madame Sebban et chers tous,
Nous sommes à la gare d'Austerlitz et nous allons partir à Pithiviers, je crois. Si c'est possible, allez voir mon patron 38, rue d'Hauteville chez M. Fontebride et lui dire que nous ne nous trouvons plus au Vél d'Hiv et s'il peut faire quelque chose pour nous. Je vous envoie des tickets de pain. Si on a le droit vous nous [en] enverrez. Nous avons un peu à manger, on nous en a donné. Pendant le trajet, on nous a jeté du pain dans l'autobus.
Bonjour de tous, on vous embrasse bien des fois.

Rachel

On vous écrira. Si vous prenez, prenez tout de chez nous, même de chez Kalma. Vous donnerez un peu à la concierge.

Dans la marge

Mme Zonszajn est avec nous.

La famille Polakiewicz arrive à Pithiviers le même jour. Les hommes et les femmes sont séparés. David est le premier à être déporté, le 31 juillet. Fejga, Rachel et Froïm le suivront le 3 août ; Rachel avait vingt ans, Froïm, seize ans. Léon, le plus jeune, quatorze ans, quitte Pithiviers par le convoi 16, le 7 août 1942. Aucun ne reviendra.

La famille Sebbane a conservé les lettres écrites par Rachel. Elles ont été déposées au Mémorial de Yad Vashem à Jérusalem par Mme Jeanine Bouhanna, la fille de la famille Sebbane.

Il y a encore plus de femmes
et d'enfants que d'hommes

Au 50, rue de Rivoli dans le IVᵉ arrondissement de Paris habite la famille Feldman. Le père, Benzion, chapelier, est né le 25 septembre 1895 à Pestchenko en Russie. Il est marié à Frida depuis 1936 ; le couple a trois enfants, Robert, Suzanne et Michel.

Les policiers qui viennent arrêter Benzion en ce 16 juillet 1942 font du zèle : ils doivent arrêter « Benzion et sa famille » ; ils emmènent le couple et les trois petits âgés de un à quatre ans. À leur arrivée à l'école de la rue de Moussy qui sert de centre de rassemblement, un des policiers présents estime les enfants trop jeunes et les renvoie chez eux avec leur mère. Benzion et ses sœurs, Sarah et Rose, devront rejoindre le Vél'd'Hiv.

Rose et son fils en seront libérés grâce à un *Ausweis* obtenu par son mari qui travaille comme fourreur pour les Allemands. C'est elle qui remet à Frida la lettre écrite par Benzion, le 17 juillet, au verso d'une ordonnance.

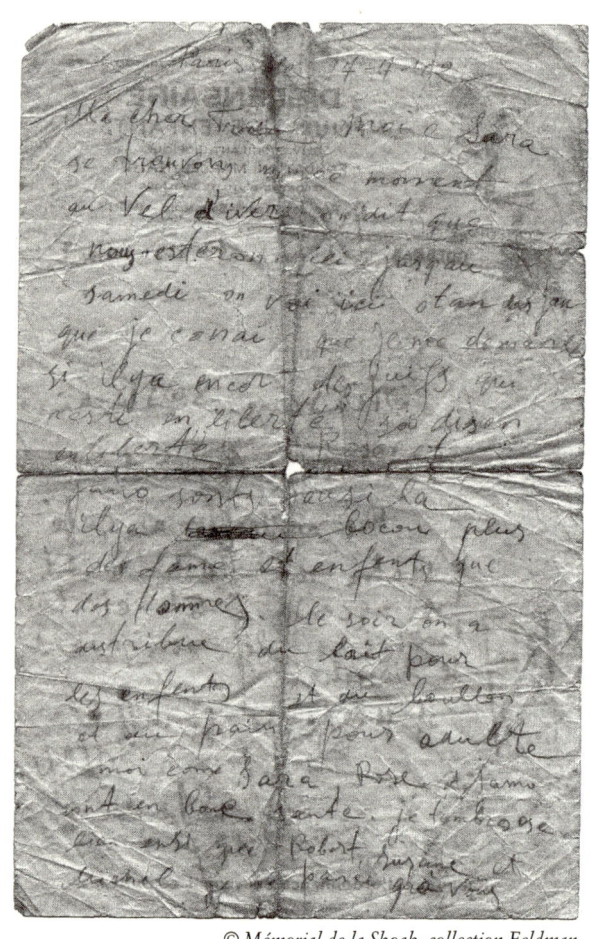

© *Mémorial de la Shoah, collection Feldman*

Paris, le 17/07/1942

Ma chère Frida, moi et Sara nous trouvons en ce moment au Vél'd'Hiver. On dit que nous resterons ici jusqu'au samedi. On voit ici autant de gens que je connais que je me demande s'il y a encore des Juifs qui restent en liberté, soi-disant en liberté. Rose et Jeannot sont aussi là. Il y a beaucoup plus de femmes et d'enfants que des hommes. Le soir, on a distribué du lait pour les enfants et du bouillon et du pain pour adultes.
Moi comme Sara, Rose et Jeannot sommes en bonne santé. Je t'embrasse bien ainsi que Robert, Suzanne et Michel. Je ne pense qu'à vous.

Cinq jours après avoir écrit cette lettre, Benzion Feldman est transféré au camp de Beaune-la-Rolande. Il est déporté à Auschwitz-Birkenau le 5 août 1942 par le convoi 15. Benzion n'est pas rentré de déportation. Quelque temps plus tard, ses parents, Elka et Guerchon, seront arrêtés et déportés par le convoi du 11 février 1943.

Frida et les enfants ont survécu en se cachant jusqu'à la Libération.

La copie de la lettre a été remise au Mémorial de la Shoah en mars 2001 par la fille de Benzion, Suzanne, avec l'accord de ses deux frères.

Ayez pitié de mon enfant

Le 17 juillet 1942, Antonina Pechtner écrit une lettre déchirante du Vél'd'Hiv.

le 17 juillet 1942

Mesdames

Me chères amis
je sui enfermé je croi je vai
être envoyer en Pologne, je vous
en suplié, prener mon enfant chez
vous, demender a la concierge
mes effaire et prener tout se que
e possible. je ne ven pas que
mon enfant mouri jusqu'à pou
en Pologne, je veu mouri sen ami
je confience en vous ayez
pitier de mon enfant, je vous
le confie je sui au Vélodrome
d'Hiver. je ne sai pas se que et
devin mon mari. Me Pechtner

vener le demander ici !

Chere Madame Pardon ! vous sere bien
aimable de prendre quelques affaire
a mademoiselle Hayim que cez elle

*Tacher de voir mon mari et de lui aider !
Olla cher le concierge le soir. Vous suchmen
bien foit aussi
que Telcka*

© Mémorial de la Shoah, collection Pechtner

de me garder l'enfant.
Garder bien mon apartement
vender le meuline s.v.p.
comme remerciment prenez
quelque chose de chez moi.
peut etre on se vera un jour
Me Pechluer

M. Bergun
4 rue d'Z. ghren
Paris 10e
: 10e

Le 17 juillet 1942

Mes chers amis,
Je suis enfermée, je crois [que] je vais être envoyée en Pologne, je vous en supplie, prenez mon enfant chez vous, demandez à la concierge nos affaires et prenez tout ce qui est possible. Je ne veux pas que mon enfant meure quelque part en Pologne, je veux mourir sans lui. J'ai confiance en vous, ayez pitié de mon enfant, je vous le confie, je suis au vélodrome d'hiver. Je ne sais pas ce qu'est devenu mon mari. Mme Pechtner.
Venez le demander ici !

Chère madame Pardon[1]*, vous serez bien aimable de prendre quelques affaires à Mlle Hayum*[2]*, car elle veut me garder l'enfant. Gardez bien mon appartement, sortez la machine svp. Comme remerciement, prenez quelque chose de chez moi. Peut-être on se verra un jour. Mme Pechtner.*

Dans la marge

Tâchez de voir mon mari et de l'aider ! Allez chez le concierge le soir, je vous embrasse bien fort ainsi que la famille Tebeka.

---

1. Mme Pardon est la concierge de leur immeuble.
2. La lettre écrite par Antonina est adressée à un certain M. Hayum. On trouve la trace dans les archives d'un dénommé Samson Hayun, domicilié au 2, rue d'Enghien, la même adresse que sur la lettre écrite par Antonina Pechtner. Samson Hayoun sera interné à Drancy le 15 mars 1944. Il sera déporté le 27 mars suivant.

De toutes les lettres publiées dans ce recueil, celle d'Antonina est la seule à clairement évoquer le sort qui attend les Juifs qui ont été raflés.

Henri Pechtner est né le 4 février 1932 à Paris dans le XVIIIe arrondissement. Il vit avec sa mère, Antonina, née le 20 octobre 1910 à Lwow en Pologne, et son père Julius, lui aussi de Lwow. Tous deux étaient arrivés en France dans les années 1930 et c'est à Paris qu'ils se sont rencontrés et mariés.

La famille vit rue de Trévise, dans le IXe arrondissement. Henri est fils unique.

Comme beaucoup en juillet 1942, Julius pense que les hommes sont les seuls à être visés. Lors de la rafle, il s'enfuit par l'escalier de service et échappe à l'arrestation.

Henri est pris avec sa mère et tous deux sont transférés au Vél'd'Hiv. Antonina supplie son fils de s'évader, mais Henri refuse de la laisser seule.

Après quatre jours au Vél'd'Hiv, Antonina et Henri quittent Paris pour le camp de Beaune-la-Rolande. Quelques jours plus tard, Antonina est désignée pour faire partie du convoi du 5 août 1942, le n° 15. Henri reste à Beaune-la-Rolande jusqu'au 19 août, puis il est transféré au camp de Drancy. Il a alors dix ans.

De Drancy, Henri écrit à son père, le 24 août 1942. Il lui annonce le départ de sa mère.

Mon cher papa,
Je suis seul à Drancy avec quelques amis. Maman est partie avec beaucoup d'autres femmes de Beaune-la-Rolande. Je suis un cas de libération. Tu seras bien

gentil de m'envoyer un colis contenant du pain, du chocolat, des biscottes, du sucre, du beurre, quelques poires ou pommes pas trop mûres, du pain d'épices, des œufs durs, un morceau de saucisson, des pommes de terre cuites à l'eau et un morceau de savon car j'en ai besoin.
Je t'embrasse bien fort. Ton fils

Henri est logé dans le bloc III du camp de Drancy, escalier 10, chambre 18.

Quelques jours plus tard, il adresse une autre carte à son père. Celle-ci n'est pas datée.

Cher père,
Comment se fait-il qu'après tant de jours que je t'aie écrit, je n'ai pas encore reçu de réponse ni de colis. Je m'inquiète et je voudrais bien savoir ce qu'il t'arrive, comment tu te portes en ce moment. Cela est compréhensible. J'ai très faim, surtout quand je vois manger les autres. J'espère recevoir bientôt un colis. Ce qu'il me faut le plus : du sucre, du chocolat, un kilo de pain, biscottes ou pain d'épice, du fromage, du beurre et de la confiture. Comme je te l'ai dit, maman est déportée et je n'en ai pas de nouvelles. J'ai beaucoup de peine. [...]. Écris-moi ici. Je t'embrasse bien fort. Henri

Julius multiplie les démarches pour faire libérer son fils. Invoquant la nationalité française d'Henri, et arguant de son emploi de fourreur chez Kohn frères, entreprise qui travaille pour les Allemands, il parvient à le faire sortir, le 15 septembre 1942.

Après sa libération, Henri commence à étudier au lycée durant l'année scolaire 1942-1943, avant d'être placé, durant l'été 1943, à Montigny-le-Gannelon (Eure-et-Loir) dans une famille d'accueil, les Baccary[1]. Il y restera jusqu'à la fin de la guerre avec neuf autres enfants juifs.

Antonina, déportée à Auschwitz-Birkenau par le convoi du 5 août 1942, est sélectionnée pour le travail lors de son arrivée au camp. Par deux fois, elle parvient à « s'organiser » pour écrire et donner de ses nouvelles : deux cartes, rédigées en allemand, adressées à Mme Pardon.

Lors de la marche de la mort[2], Antonina réussit à s'échapper. Prise en charge par l'Armée rouge, elle est rapatriée en France *via* Odessa et rejoint Marseille le 10 mai 1945. Le même jour, Julius reçoit un télégramme dans lequel elle lui annonce son retour.

Enfin réunie, la famille Pechtner émigre à Buenos Aires (Argentine) en 1951. Henri y vit encore aujourd'hui. C'est lui qui a confié ces documents au Mémorial de la Shoah en octobre 2007.

---

1. Suite aux démarches entreprises par Henri Pechtner, la famille Baccary a été reconnue Justes parmi les nations par le mémorial Yad Vashem en novembre 2008.
2. En raison de l'avancée des troupes soviétiques, le 17 janvier 1945, les autorités du camp d'Auschwitz sélectionnent 58 000 prisonniers « aptes à marcher » qui doivent quitter le camp à pied, dans le froid et la neige. Ceux qui ne sont pas abattus sont forcés à marcher sur de très longues distances jusqu'à d'autres camps situés à l'intérieur du territoire allemand. Le terme de « marche de la mort » a probablement été inventé par les prisonniers.

Parqués là pire que des bêtes

(CMXXV(4))-9   Vel d'hiv

Ma chère petite Flora,

Combien je serais heureux de savoir que tu est bien rentrée à la maison et que tu ne vois pas dans quel état de désolation se trouvent des milliers des femmes et enfants, sans parler des hommes qui ont doivent pouvoir supporter tous les misères inimaginables. La nuit je n'ai pas fermé les yeux. Il n'y avait pas de place pour s'allonger, et les bruits et cris et pleurs des enfants. Déjà chaque femme et ses enfants est un monde de misère. Jamais on n'aurait pu imaginer pareil chose. Parqués là pire que des bêtes, sans aucun soin d'hygiène 2 cabinets toujours occupé pour des milliers des personnes. Il y a s'attendre six heures son tour. Pour l'eau c'est pareil. Si l'on ne nous sort pas d'ici le plutôt. Les gens seront tous malades. Pourtant on s'occupe de nous. Hier au soir a distribué du pain d'avec foi, du bouillon cube, même du macaroni bien cuit. Un bout de chocolat et un petit gâteau. On nous gâte
On ne sait pas ce qu'on fera de nous. Combien du temps resterons nous ici. Pour le moment nous sommes en train de se raconter l'un à l'autre ses misères. Je suis avec un monsieur qui me connait bien et te connait aussi. Il est de Wlaclawek. Sa femme est resté à la maison parce que malade et couchée. Il te prie et tu peux aller la voir et

2

l'encourager un peu. Il croient que quand elle
ira un peu mieux on la prendra aussi. Si tu
la vois dis lui qu'en cas qu'elle sera prise il
faut qu'elle prenne le plus possible du linge
chaud, qu'elle prenne une couverture chaude
avec un oreiller c'est très utile. Aussi qu'elle
prenne la petite montre et bracelet ainsi que
les fils (pręźą) qu'elle sait. Une gamelle
et pullover. Si tu ne peux aller la voir
écris lui un mot de suite en r.y.
Voici son adresse: Renkiel, 28 Rue de Belleville
escalier C troisième étage porte à gauche.   (Koź)

Quant à moi j'ai pris avec moi assez des choses.
Beaucoup des gens n'en ont pas autant.
Il est maintenant près de 8 heures du matin
ce que le temps est long. J'ai lu un peu, mais
je n'ai pas beaucoup de patience pour lire.
On parle ici que la Turquie est rentrée en guerre
les uns disent que c'est contre la Russie, les autres
contre l'Allemagne. Que la France a déclaré
la guerre à l'Angleterre ou le contraire,
si ce n'est pas à l'Amérique. Tu vois que
nous savons tout sauf la vérité.

J'ai le courage bien que le moral est depri-
mé à la vue de tant des procédés inhumains.
Encore une fois si tu est à la maison, je suis
tranquille pour toi. Prends soin de toi, moi
je ferai de même avec l'espoir de nous revoir
un jour. J'espère faire sortir cette lettre
bientôt. Bien des choses à tous les voisins
tu peux leur donner la lettre à lire
Je pense à tout et leur remercie de leur
sympathie.   Ton mari Maurice

Vél'd'Hiv

Ma chère petite Flora,
Combien je serais heureux de savoir que tu es bien rentrée à la maison et que tu ne vois pas dans quel état de désolation se trouvent des milliers de femmes et enfants, sans parler des hommes qui eux doivent pouvoir supporter toutes les misères inimaginables. La nuit, je n'ai pas fermé les yeux. Il n'y avait pas de place pour s'allonger, et les bruits et cris et pleurs des enfants. Déjà chaque femme et ses enfants est un monde de misère. Jamais on n'aurait pu imaginer pareille chose. Parqués là pire que des bêtes, sans aucun soin d'hygiène ; deux cabinets toujours occupés pour des milliers de personnes. Il faut attendre des heures son tour. Pour l'eau, c'est pareil. Si l'on ne nous sort pas d'ici le plus tôt, les gens seront tous malades. Pourtant, on s'occupe de nous. Hier, on nous a distribué du pain deux fois, du bouillon cube, même du macaroni bien cuit. Un bout de chocolat et un petit gâteau. On nous gâte. On ne sait pas ce qu'on fera de nous, combien de temps resterons-nous ici. Pour le moment, nous sommes en train de se raconter l'un à l'autre ses misères. Je suis avec un monsieur qui me connaît bien et te connaît aussi. Il est de Wloclavek. Sa femme est restée à la maison parce que malade et couchée. Il te prie si tu peux d'aller la voir et l'encourager un peu. Il craint que quand elle ira un peu mieux, on la prendra aussi. Si tu la vois, dis-lui qu'au cas où elle sera prise, il faut qu'elle prenne une couverture chaude avec un oreiller, c'est très utile. Aussi, qu'elle prenne la petite montre et bracelet ainsi que les fodem[1] qu'elle sait.

---

1. Mot Yiddish : littéralement « les fils ».

Une gamelle et pull-over. Si tu ne peux aller la voir écris lui un mot de suite en yiddish.
Voici son adresse : Renkiel 28, rue de Belleville (XXᵉ)[1].
Quant à moi, j'ai pris avec moi assez de choses. Beaucoup de gens n'en ont pas autant. Il est maintenant près de 8 heures du matin. Ce que le temps est long. J'ai lu un peu mais je n'ai pas beaucoup de patience pour lire. On parle ici que la Turquie est rentrée en guerre. Les uns disent que c'est contre la Russie, les autres contre l'Allemagne. Que la France a déclaré la guerre à l'Angleterre ou le contraire. Si ce n'est pas l'Amérique. Tu vois que nous savons tout sauf la vérité. J'ai le courage bien que le moral est déprimé à la vue de tant de procédés inhumains. Encore une fois, si tu es à la maison, je suis heureux pour toi. Prends soin de toi, moi je ferai de même avec l'espoir de nous revoir un jour. J'espère faire sortir cette lettre bientôt. Bien des choses à tous les voisins. Tu peux leur donner la lettre à lire. Je pense à tous et leur remercie de leur sympathie.

Ton mari Maurice

Lorsque Abram Sztulzaft, dit Maurice, écrit cette lettre à sa femme Fajga (dite Flora), après sa première nuit passée au Vél'd'Hiv, il n'est pas encore sûr qu'elle soit en sécurité à leur domicile.

Maurice et Fajga ont tous deux été arrêtés lors de la grande rafle. Ils vivent alors 61, rue des Entrepreneurs, dans le XVᵉ, à peine à dix minutes à pied du

---

1. Chaïm Renkiel est l'homme de Wloclavek évoqué dans la lettre. Ses craintes se confirmeront : sa femme sera en effet arrêtée et déportée par le convoi 21, parti de Drancy le 19 août 1942.

Vélodrome d'Hiver. Ils y sont directement emmenés. Lorsque M. Lagarde, un de leurs voisins et gardien de la paix de son état, apprend leur arrestation, il se rend au Vél'd'Hiv et, arguant la grossesse de Flora, obtient sa libération.

Maurice et Flora s'étaient mariés à Paris, en la synagogue de Chasseloup-Laubat, le 11 octobre 1936. Veuf, Maurice avait deux enfants de son premier mariage, Marcel, né en 1927 et Hélène, née en 1935. Par sécurité, Hélène avait été envoyée à la campagne. Aussi ne se trouve-t-elle pas à la maison quand les policiers débarquent. Marcel n'est pas là non plus.

Maurice reste quatre jours au Vél'd'Hiv avant d'être transféré au camp de Pithiviers.

Le 24 juillet, il écrit à Flora une seconde et dernière lettre, sept jours après son arrestation. Il est sans nouvelles de sa femme, enceinte de trois mois, et de ses enfants et s'inquiète de savoir comment elle s'en sort. À Pithiviers, Maurice trouve le temps long.

Vendredi 24/07/1942

Ma chère petite Flora,
Depuis que je suis ici, c'est-à-dire depuis lundi 2 heures, je t'ai envoyé trois lettres et une carte. Je ne sais pas ce que tu aurais reçu et voici que je t'écris de nouveau. Le temps me semble bien long depuis huit jours que je t'ai quittée. J'aurais tant voulu avoir déjà une lettre de toi. Savoir comment tu t'es arrangée seule avec les enfants. Comment est la vie maintenant à Paris ? Il paraît que c'est calme. Les journaux ne parlent pas des Juifs. Nous avons ici les journaux tous les jours. J'ai vu ici Levy (le fourreur) avec sa femme,

ses filles et la petite. Kaminski avec sa femme et sa fille et bien d'autres personnes. Puisque nous sommes plusieurs milliers. Levy est encore plus mal placé que moi. Hier, on a libéré plusieurs personnes qui travaillent pour les Allemands, les vestons cuir ou fourrures. Je ne sais pas si M. Sarda aurait pu faire quelque chose pour moi, puisque nous n'avons pas travaillé pour les Allemands, mais avec ses relations, il pourrait peut-être faire [quelque chose]. Comment s'arrange-t-il ? Est-ce que tu étais chez lui ? Qu'est-ce qu'il dit ? Je n'ai encore écrit à personne d'autre que toi. Pour le moment, la vie au camp n'est pas encore réglée et on dit qu'on peut écrire tant qu'on veut. Qu'on n'a pas besoin d'une permission spéciale pour écrire ou recevoir des lettres ainsi que pour les colis. Donc tu peux m'écrire, et même m'envoyer un petit colis, mais pas beaucoup de manger. Je n'ai encore rien mangé de ce que tu as donné, sauf le pain. Car le pain s'abîme quand on le garde trop longtemps, à moins qu'il est sec avant. On dit que les lettres restent longtemps ici avant de partir, je ne sais donc pas ce que tu as reçu de moi. Dans mes autres lettres, je te demandais de me mettre dans un colis un peu de confiture ou beurre dans un petit pot en carton. Quelques petits chiffons blancs pour la gamelle à laver et aussi un vieux torchon. Quelques chiffons (2) pour les chaussures. Une pierre ponce et une petite brosse pour les mains.

Tu peux donner mon adresse à tout le monde s'il y a quelqu'un qui veut m'écrire. Cela me fera plaisir de recevoir des lettres. Je ne lis presque pas le livre que j'ai amené. Toute la journée, c'est un grand brouhaha dans la baraque. Un va-et-vient continuel. Les gens parlent toute la journée. On parle de tout et de rien. On avance des suppositions, on prédit l'avenir, chacun se demande ce qui nous attend et personne ne sait au juste. Jusqu'à maintenant, je ne souffre pas de faim. On mange une soupe assez épaisse deux fois par jour. Le café le matin et 250 gr ou à peu près de pain par jour. On peut vivre. Aujourd'hui, nous avions chacun un petit morceau de viande. Deux fois déjà que nous avons du fromage. Enfin, question manger, cela peut aller. Je pense beaucoup à toi et je ne me suis pas encore fait à l'idée de vivre séparé de toi et des enfants. Que va dire Hélène quand elle ne me verra pas ? Pauvre petite. Et comment que tu te sens ? Moi je me sens bien. Je dors près d'une fenêtre ouverte la nuit. L'air est bon. Je suis déjà bruni par le soleil. Dans la journée, chaque jour, il y a d'autres qui font la corvée. Toute la baraque doit éplucher les pommes de terre. Il y a toujours quelques-uns qui se faufilent et ne font rien. Mais on ne peut pas rester sans rien faire toujours. Dans notre baraque, il y a un chef et quatre sous-chefs pour l'aider. Nous sommes cent trente dans une baraque. Pour le moment, je suis sous-chef et j'ai la responsabilité de trente-six hommes. Un sous-chef n'est rien et je ne suis pas fier de l'être. Un chef non plus n'est pas grand-chose. C'est plutôt pour tenir l'ordre. Car tu ne peux pas t'imaginer ce qu'il se passe quand on apporte la soupe et comment les gens se disputent. Un qui demande une soupe épaisse. Un autre plus de p. de terre dans la soupe. On oublie qu'on est des hommes. Dans mon coin, nous sommes tous tranquilles et on s'aide l'un l'autre. Seul l'avenir nous inquiète car nous ne savons ce qui nous attend. Quand on se voit dehors, chacun demande. Que dites-vous ? Que fera-t-on de nous ? Et toute la journée, pareil.

(Dimanche) Je n'avais pas fini ma lettre vendredi. On dit que tout ce qu'on a écrit n'est pas encore parti d'ici. Alors j'attends un peu pour voir si au moins tu as reçu une carte de moi pour savoir mon adresse exacte. Dans la baraque, l'ordre est de nouveau comme avant. Il n'y a plus de sous-chefs et je ne regrette pas car je n'aime pas me mêler du commandement surtout chez les Juifs, où chacun veut faire à sa guise et personne n'aime la discipline. À la place des sous-chefs, nous avons des mouches qui nous piquent en attendant d'autres vermines. Il n'est pas facile d'être propre dans une baraque de cent trente hommes, surtout qu'il y a des gens de toutes classes et beaucoup de gens simples. Le bavardage ne cesse pas toute la journée, on devient abruti. Je ne lis même pas. Ce matin, j'[ai été] de nouveau prendre une douche mais l'eau était froide, on s'habitue à tout. L'homme est l'animal qui s'adapte le plus facilement à toutes les conditions de vie. J'aurais préféré m'adapter à une vie plus élevée que celle-ci. Mais quoi faire. Je t'avais demandé de m'envoyer quelques timbres car les premiers jours il était difficile de s'en procurer ici. Maintenant, tout le monde a des timbres en réserve, mais il paraît que les lettres ne partent pas d'ici aussitôt écrites.

(Lundi matin) Encore un jour de passé. Peut-être aurai-je aujourd'hui une lettre de toi. As-tu pris ce qu'on nous devait chez Sarda-Wiscantau-Felix ? Es-tu en santé ? Et les enfants ? De nouveau, on va libérer ici les enfants qui sont français à partir de 16 à 21 ans ; les hommes de 60 ans et plus ; les femmes de 55 ans et plus et quelques autres dont le mari ou la femme ne sont pas juifs. Il y a ici tant d'enfants, jeunes gens, femmes, qu'on se dirait à une grande foire le soir, quand tout le monde sort après la soupe pour faire

une petite promenade. Je ne sais plus quoi t'écrire, ma tête est vide. Je ne pense qu'à toi et aux enfants. J'ai mieux dormi cette nuit, je me porte bien. J'envoie le bonjour pour tous ceux qui demandent après moi (à Mme Bèquet, Boulègue, M. et Mme Lagarde, M. et Mme Bequer et à M. et Mme Lemaire, et tous les autres voisins, et Alex, que fait-il ? et son frère ? et Dutki ?)
Porte-toi bien. Je sais que tu penses aussi à moi. Malheureusement, je ne peux rien faire pour toi qu'en rire. M. Renkiel t'envoie le bonjour et demande si tu sais quelque chose de sa femme.

Ton Maurice qui t'embrasse bien tendrement.

Maurice ne restera pas longtemps à Pithiviers : le 30 juillet, il est remis aux autorités allemandes pour être déporté par le convoi 13, le 31 juillet 1942.

Les documents ont été donnés au Mémorial de la Shoah par Michel Sztulzaft, le troisième enfant de Maurice, dont Flora était enceinte lors de l'arrestation. Il n'a pas connu son père. Marcel, son frère aîné, se fera arrêter quelques mois plus tard, victime de la dénonciation d'une voisine. Il sera déporté en février 1944. Il avait tout juste dix-sept ans. Hélène est restée à la campagne. Flora a trouvé refuge dans une maison qui accueille des filles mères de la bourgeoisie, à Saint-Maurice dans le Val-de-Marne. C'est là qu'elle donne naissance à Michel ; ils y demeurent jusqu'à la Libération de Paris.

La gentillesse d'un gendarme

Les témoignages sont rares qui révèlent de quelle façon des lettres ont pu sortir du Vél'd'Hiv. Rosette Schkolnik explique à sa camarade de classe, Jeanine, et à la famille de celle-ci, que c'est grâce à la gentillesse d'un gendarme qu'elle peut lui donner de ses nouvelles.

Paris le — juillet

Chers Monsieur Madame grand mère et Jeanine

Je profite d'un moment de repis, et compte sur la gentillesse d'un gendarme pour vous faire parvenir ce petit mot, qui vous tranquilisera sur mon triste sort. Et bien vous voyez c'était impossible et pourtant voila plus de 25 heures que je suis sans air avec un bout de pain un sucre, et un bol de bouillon. Nous sommes au Vel d'Hiv à Grenelle, on en est déja 15.000 et aujourd'hui même Ça en arrivera encore 10.000. Si vous voyez cette misère. Vous serez bien gentille de tranquiliser et de donner des nouvelles à ma tante de la nation. On ne sait pas ce qui va faire de nous mais pour l'instant c'est manke. Enfin faut esperer que ça finira

bien bête. En finissant je vous
quitte en vous priant de m'excuser
ce mon papier qui est laid, et en
vous embrassant bien fort

Mes meilleurs souvenirs
à Jeanne
et à vous tous
        Rosette

vous ne pouvez malheureusement
pas nous répondre

Paris, le ~ juillet

Chers Monsieur, Madame, Grand-mère et Jeanine,
Je profite d'un moment de répit et compte sur la gentillesse d'un gendarme pour vous faire parvenir ce petit mot, qui vous tranquillisera sur mon triste sort.
Eh bien vous voyez, c'était impossible et pourtant voilà plus de vingt-quatre heures que je vis sans air, avec un bout de pain, un bout de sucre, et un bol de bouillon. Nous sommes au Vél'd'Hiv à Grenelle, on est déjà quinze mille et aujourd'hui même va en arriver encore dix mille. Si vous voyiez cette misère. Vous serez bien gentils de tranquilliser et de donner des nouvelles à ma tante de la Nation[1]. On ne sait pas ce qu'on va faire de nous mais pour l'instant c'est moche.
Enfin, faut espérer que cela finira bien vite. En finissant je vous quitte en vous priant de m'excuser pour mon papier qui est sale et en vous embrassant bien fort.
Mes meilleurs souvenirs à Jeanine et à vous tous.

Rosette
Vous ne pouvez malheureusement pas nous répondre.

Rosette est née le 3 février 1928 à Paris XIIe. Elle vit au 29, rue Keller dans le XIe arrondissement de Paris avec ses parents, Aron et Macha, et son frère, Nathan, de deux ans son aîné.

La famille entière est arrêtée lors de la rafle et internée au Vél'd'Hiv pendant cinq jours. Puis, Rosette et ses parents sont transférés au camp de Pithiviers où ils arrivent le 21 juillet 1942.

---

1. Il s'agit d'une sœur de son père, Aron, qui habitait place de la Nation à Paris.

De là, Rosette va écrire deux autres lettres, dont une qui n'est pas datée ; elle a sans doute été écrite dans les premiers jours du mois d'août, les parents de Rosette ayant été déportés depuis le camp de Pithiviers par le convoi n° 13, le 31 juillet 1942.

Pithiviers,

Cher Monsieur, Madame, Grand-mère et Jeanine,
Enfin je peux vous donner de mes nouvelles. Comme vous devez le savoir, nous sommes depuis quinze jours à Pithiviers dans un camp. Mais nous ne restons pas là, nous partons sûrement soit en Pologne, soit en Allemagne. En tout cas, je quitte <u>avec regret mon pays natal</u>[1] pour y revenir quand ? Je ne sais pas. En tout cas, je pars dans quelques jours. Maman et papa sont partis depuis huit jours, vous vous rendez compte de la séparation. Je ne sais même pas si je les reverrai. Ce qui me console un peu, c'est que j'ai eu le plaisir de vous embrasser avant de m'en aller ainsi que Geneviève. Si ma tante de la Nation est là, dites-lui de nos nouvelles, et qu'elle ne se fasse pas de mauvais sang, on se reverra quand même un jour. Ici, la nourriture n'est pas excellente. On couche sur de la paille. Prenez des nouvelles de mon pauvre chat chez les bouchers du cinquième chez nous. Et vous, comment allez-vous ? Bien j'espère. Si seulement, en passant à Paris pour aller vers l'est, je pouvais vous voir, mais je sais que c'est impossible. Sitôt que je pourrai, je vous écrirai, car je crois que d'abord on va à Metz. Moi je suis sans habits. Si vous voulez, envoyez-moi un petit colis, avec une robe, mes chaussures de bois et un pull-over chaud et une paire

---
1. Souligné dans le texte.

de chaussettes pour moi. Nono[1], qui est encore là, a le nécessaire, montez chez nous et prenez ceci. Mettez aussi un peu de biscottes, une gourmandise et quelques fruits, cela nous fera bien plaisir. Seulement faites vite, sitôt reçu la lettre, faites-nous le petit colis. Donnez surtout des nouvelles à ma tante. Dites à Jeanine et Geneviève que je pense à elles. Envoyez-moi vite le colis. Je compte sur vous.

Pithiviers, le 9 août 1942

*Cher Monsieur, Madame, Grand-mère et Jeanine,
Avant de recevoir cette lettre, vous avez surement dû en recevoir une autre. Vous vous êtes peut-être demandé si je n'étais pas folle tellement elle était mal écrite et sale, mais excusez-moi, c'est de la faute d'un gendarme qui était à coté de moi et qui me pressait. Comme je vous l'ai demandé, j'espère que vous m'avez fait mon petit colis. Je vous remercie d'avance. J'espère que vous êtes tous en bonne santé, et que Jeanine est en vacances, et qu'elle profite bien. Maintenant, je vais vous expliquer en détail, la vie que nous menons ici depuis déjà un mois. Eh bien, je vous assure qu'elle n'est guère intéressante, cette vie. Nous couchons sur de la paille ; le matin, on a un peu de café noir, le midi soupe, le 4 heures café noir et le soir soupe. Une fois par semaine, 50 g de viande et un bout de fromage, c'est tout. Comme vous devez le savoir, maman et papa sont partis la semaine dernière pour destination [une] inconnue, sûrement pour Metz et après pour travailler en Pologne. Maintenant, on emmène les J3[2] aussi pour travailler. Charles L. est déjà*

---

1. Nathan, le frère de Rosette.
2. Catégories d'internés *cf.* note 3 page 63.

parti, et Nono, Hélène et moi attendons pour partir, le prochain départ qui sera sûrement jeudi prochain. Quand je pense que je vais quitter la France pour peut-être ne jamais revenir, les larmes me montent aux yeux. Si encore je rejoignais papa et maman, et si on ne me séparait pas de Nono, cela irait encore, mais je crains bien partir seule. Surtout, je vous supplie, donnez des nouvelles à ma tante de la Nation. Dites-lui de ne pas se faire de bile, que nous sommes en bonne santé. Et que nous reviendrons bientôt. Mes chers amis, quand je pense que l'année dernière à cette époque-ci, j'étais dans les Basses-Pyrénées, libre de faire ce que je veux, de manger ce que je veux et surtout libre d'aller où je veux et que maintenant je me vois toujours entourée de fils barbelés, comme des criminels. Il n'y a qu'un sentiment qui emplit mon cœur : vengeance, c'est tout. Oui mes chers amis, nous l'aurons la vengeance et bientôt on se retrouvera réunis autour de votre table pour fêter notre retour. Surtout dites bien à Jeanine que je pense souvent à elle, et que c'est avec plaisir que je me rappelle les bons moments passés en sa compagnie. Mes meilleurs souvenirs à toute ma connaissance, surtout à Geneviève G. Maintenant chers monsieur, madame, grand-mère et B., je vous quitte en vous envoyant mille et mille baisers. Je tâcherai de vous écrire une lettre quand je partirai d'ici. Nono vous envoie son meilleur souvenir. À bientôt j'espère.
Rosette qui pense et pensera toujours à vous.

Avant son transfert à Drancy le 15 août 1942, Rosette a le temps d'écrire pour prévenir de son départ de Pithiviers.

Chers tous,
Juste un petit mot pour vous dire que je pars ce matin de Pithiviers pour aller à Drancy. Je me rapproche, je crois, du chemin de la liberté. Nono est resté à Pithiviers mais viendra me rejoindre. [...] je ne sais pas si je vais retrouver maman, j'espère. Bon baisers à tous ; je vous écrirai.
Je suis contente, je reste en France.

Un deuxième mot, jeté du train qui la conduit à Drancy va miraculeusement arriver à destination.

On est dans des trains de bestiaux, vous parlez si c'est commode. On m'a coupé les cheveux, je vous mets une mèche. On va à Drancy c'est un centre de libération, j'espère ! Nono va venir me rejoindre
Bons baisers
Je vous écrirai, Rosette
Donnez des nouvelles à ma tante
Il fait chaud, on étouffe et on n'a pas trop d'eau.
On a eu des pommes de terre du pain confiture fromage et 2 gâteaux.
On est vraiment gâtés pour 1 fois.
Je vous écrirai.
Bons baisers à Jeanine et à tous

Ce sont les toutes dernières lignes écrites par Rosette. Après un très court passage à Drancy, elle est déportée par le convoi 21, le 19 août 1942. Elle avait quatorze ans. Rosette et Nathan ne se reverront pas. Envoyé lui aussi à Drancy, il n'y arrive que le 22 août ; Rosette a déjà quitté la France.

Après quelques jours passés à Drancy, Nathan est « réintégré à Pithiviers » qu'il rejoint le 4 septembre suivant. Ces allers-retours restent difficiles à expliquer. Son deuxième séjour dans le Loiret n'aura été qu'un bref répit pour Nathan. Le 20 septembre, il est déporté de Pithiviers par le convoi n° 35 du 21 septembre 1942.

Aucun des membres de la famille Schkolnik n'est rentré de déportation.

C'est Jeanine, la camarade de Rosette, qui a remis ces lettres au Mémorial de la Shoah. Leurs familles étaient voisines. Jeanine était présente le jour de l'arrestation. Elle a vu les policiers prendre toute la famille tôt le matin, pour les emmener au gymnase Japy[1] avant d'être transférés au Vél'd'Hiv. Elle s'est rendue jusqu'à la rue Nélaton avec un colis mais, refoulée par un gendarme, n'a pas pu approcher.

À ce jour, aucune photo de la famille Schkolnik n'a été retrouvée.

---

[1]. Le gymnase Japy est l'un des nombreux lieux qui furent utilisés comme centres de rassemblement où les personnes arrêtées étaient regroupées avant d'être conduites, généralement en autobus, soit vers Drancy, soit vers le Vél'd'Hiv.

La chose la plus terrible,
c'est qu'on a peur d'être séparés
de nos enfants

Majer Sztabryd et son épouse, Szyfra, vivent aux Lilas, en banlieue parisienne. Ils ont quatre enfants : la plus âgée a treize ans et la plus jeune pas encore quatre ans.

Szyfra est arrêtée avec ses trois filles, Anna, Ginette et Évelyne. Majer et André, le seul garçon de la famille, ne sont pas arrêtés ce jour de juillet 1942.

Lorsque Mme Szatbryd écrit une lettre du Vél'd'Hiv le 18 juillet, elle l'adresse à Mme Letestut, chez laquelle la famille Szatbryd avait un temps trouvé refuge.

CMLXXXVI (13) 7³ (vélodrome d'hiver)

au Vel d'hiv, le 18

Ma chère Madame Letestut
Deux mots pour vous faire savoir
dans quelle situation nous nous
trouvons, nous sommes au Vel
d'hiv avec tant d'autres milles
femmes avec enfants mutilés.
Je suis ensemble avec ma sœur
de Clichy, mes sœurs de Montf...
aussi et avec leurs enfants. Nous
sommes dans une situation, tel qu'inimaginable. Combien de malades!
Nous n'allons pas rester longtemps
ici car on va sûrement nous
envoyé dans des camps et la
chose la plus terrible c'est qu'on
a peur d'être séparés de nos
enfants c'est si affreux.

© Mémorial de la Shoah, collection Adelet

Est ce que grand père va
chez vous et Hilaire aussi ?
Quand nous saurons au camp
j'essaierai de vous écrire et
j'espère que vous m'enverrez des
paquets j'ai oublié tant de choses
Je vous suis très reconnaissante et je vous remercie
beaucoup des œufs de matin, de
lundi, et j'espère que l'on se
reverra un jour

Un bonjour de ma part, des
enfants de ma sœur et
si vous avez des nouvelles
de mon mari, attendez que je sois
au camp et vous aurez l'amabilité de me l'envoyer

 Stabry d

Au Vél d'Hiv, le 18
Ma chère madame Letestut,
Deux mots pour vous faire savoir dans quelle situation nous nous trouvons. Nous sommes au Vél d'Hiv avec tant d'autres milliers de femmes avec enfants, mutilés... Je suis ensemble avec ma sœur de Clichy, la sœur de mon frère, aussi avec leurs enfants. Nous sommes dans une situation terrible, inimaginable. Combien de malades ! Nous n'allons pas rester longtemps ici, car on va sûrement nous envoyer dans des camps et la chose la plus terrible, c'est qu'on a peur d'être séparés de nos enfants. C'est si affreux ! Est-ce que grand-père va chez vous et Hélène aussi ? Quand nous serons au camp, j'essaierai de vous écrire et j'espère que vous m'enverrez des paquets. J'ai oublié tant de choses. Je vous suis très reconnaissante et je vous remercie beaucoup du coup de main, de l'aide que vous m'avez donnée, et j'espère que l'on se reverra un jour.
Un bonjour de ma part, des enfants, de ma sœur et si vous avez des nouvelles de mon mari, attendez que je sois au camp et vous aurez l'amabilité de me l'envoyer.
Stabryd

Deux jours après la rédaction de cette lettre, Szyfra et ses filles sont envoyées à Pithiviers. Elles y restent ensemble jusqu'au 15 août, date de leur transfert à Drancy, et ne seront jamais séparées. Elles sont toutes quatre dans le convoi 21 qui quitte Drancy pour le camp d'Auschwitz-Birkenau. Aucune n'est revenue.

La lettre de Szyfra a été donnée par Nathaniel Adelet au Mémorial de la Shoah en décembre 2003.

Aujourd'hui décédé, M. Adelet n'avait aucun lien de parenté avec la famille Sztabryd, ni avec la famille Letestut. Nous ne savons pas comment il est entré en possession de cette lettre.

Maman te demande
de nous faire sortir d'ici

Internés et familles d'internés multiplient les démarches et tentatives de toutes sortes pour obtenir des libérations qui sont rarissimes. Le cas de Chaja Goldfarb en est exemplaire.

Chaja et ses deux plus jeunes filles, Rosette et Paulette, sont arrêtées lors de la grande rafle et internées au Vél'd'Hiv. C'est Rosette qui écrit à sa sœur aînée, Ginette, pour l'informer de leur arrestation. Rosette a alors quinze ans, Paulette quatorze.

Paris le 17. 7. 42

Ma Ginette Chérie

Je t'écris ce mot pour te dire de la part de maman que tu t'adresses au bureau comme quoi étant ma sœur tu peux nous garder près de toi à la maison et que tu as la possibilité de nous élever. Maman te demande de t'en occuper le plus tôt possible –

Je termine en t'embrassant bien fort ainsi que maman et Paulette   Robert

© *Mémorial de la Shoah, collection Sender*

Ne te fais pas de
mauvais sang –
Surtout maman te
recommande de te
faire à manger et
de manger

Bonjour aux locatai-
res à la mère de
Jojo à Jojo et à
Pierrot

La jeune fille qui fait
les corsets a demandé
que tu ironts chez sa
mère pour la rassurer,
la réconforter et dire qu'elle
et avec nous (81 rue Brocas)

Paris, le 17.7.42

Ma Ginette chérie,
Je t'écris ce mot pour te dire de la part de maman que tu t'adresses au bureau comme quoi, étant ma sœur, tu peux nous garder près de toi à la maison et que tu as la possibilité de nous élever. Maman te demande de t'en occuper le plus tôt possible.
Je termine en t'embrassant bien fort ainsi que maman et Paulette.

Rosette

Au verso

Ne te fais pas de mauvais sang. Surtout, maman te recommande de te faire à manger et de manger. Bonjour aux locataires, à la mère de Jojo et à Pierrot. La jeune fille qui fait les corsets a demandé que tu montes chez sa mère pour la rassurer, la réconforter et dire qu'elle est avec nous (81, rue Broca).

Une deuxième lettre écrite le 18 juillet, toujours du Vél'd'Hiv, est de la même teneur.

Paris le 11. 7. 42

Ginette chérie

Encore ce mot pour te dire que maman demande de t'occuper de nous pour nous faire sortir d'ici —

Pour cela il faut que tu t'adresses au bureau et dire que tu nous veux, et que tu peux nous prendre et nous garder près de toi. —

© *Mémorial de la Shoah, collection Sender*

Paris, le 18.7.42

Ma Ginette chérie,
Encore ce mot pour te dire que maman te demande de t'occuper de nous pour nous faire sortir d'ici.
Pour cela, il faut que tu t'adresses au bureau et dire que tu nous veux et que tu peux nous prendre et nous garder près de toi. Si possible, occupe-toi de maman aussi.
Si nous sommes déjà parties de là, il faudra que tu t'adresses à la Croix-Rouge. Le colis que tu as donné à Odette, nous ne l'avons pas. Nous ne trouvons pas Odette. Figure-toi que nous avons rencontré la sœur de Simone la cordonnière, c'est d'ailleurs pour cela que nous avons l'occasion de t'écrire ce petit mot.
Je termine en t'embrassant bien fort ainsi que maman et Paulette.

Rosette

La famille Goldfarb vit au 14, rue de l'Arbalète dans le Ve arrondissement de Paris.

David Goldfarb est né le 14 mai 1888 à Grodzisk-Maz en Pologne. D'un premier mariage naît une fille, Gitla, le 26 août 1916 ; mais la mère de l'enfant, Elena, meurt de la fièvre typhoïde quelques mois plus tard. David, se retrouvant veuf, quitte la Pologne et vient s'installer en France en 1924. L'année suivante, il est rejoint par Chaja, sa belle-sœur, née le 13 juillet 1898, accompagnée de Gitla alors âgée de neuf ans.

Chaja et David se marient à Paris. David est tricoteur, Chaja reste au foyer et bientôt la famille s'agrandit : Rosette naît le 25 janvier 1927 et Paulette le 6 mars 1928.

Si possible ocupe-toi
de maman aussi
  Si, vous donnez dé-
partiés de là, il fau-
dra que tu t'adresses
à la Croix-Rouge
  Le colis que tu as
donné à Odette nous
ne l'avons pas — Nous
n'y trouvions pas cette
Figure-toi que nous
avons rencontré la
sœur de Simone la
Cordonnière, c'est
d'ailleurs hier cela

que nous avons l'occasion
de t'écrire ce petit mot
Je termine en t'embras-
sant bien fort ainsi
que maman et Paulette
           Polette

Bonjour à tous les loca-
taires
Bonjour à la maman de
Jojo, à Jojo à Pierrot
et tous les autres
Envoie vite si possible
le pot à lait

       T.S.V.P

En 1938, Gitla, qui se fait désormais appeler Ginette, épouse Marcel Sender qui est de nationalité française.

Le lendemain du jour où la lettre a été écrite, Rosette, Paulette et Chaja sont transférées à Pithiviers. Elles sont enregistrées sur les registres de la baraque n° 11.

David, le père, avait pu échapper à l'arrestation en demeurant caché.

Ginette, dont le mari est prisonnier de guerre, bénéficie d'une relative protection. C'est pour cette raison que Chaja fait appel à elle, persuadée que son statut sera le sésame qui fera sortir ses filles de l'enfer où elles sont entrées.

Le 24 juillet, dans une nouvelle lettre adressée à sa sœur, Rosette lui apprend qu'elles sont à Pithiviers mais qu'« il est possible qu'on nous enverra autre part. Où ? on en sait rien ».

D'autres lettres de Paulette suivront, les 27 et 29 juillet. Elles donnent très peu de nouvelles sur leurs conditions de vie mais se veulent rassurantes. Le 2 août, Rosette annonce une bien triste nouvelle :

[...] Maman est partie ce matin comme toutes les femmes, sauf les mères de famille nombreuse.
Mme Solarz[1] est donc là, mais elle va partir ces jours-ci. Quant à nous, nous ne savons pas où nous allons. Soit à Paris, soit rejoindre nos parents.
Notre cousine Fanny est partie avec maman. Thérèse est avec nous. Ne te fais pas de mauvais sang.

---

1. Probablement Rachel Solarz, déportée avec ses quatre enfants par le convoi 24 du 26 août 1942.

Je termine parce que je n'ai pas le temps. Bons baisers. Dis à Marie-Té que je lui écrirai.

Rosette

Ce sont les dernières nouvelles que Ginette recevra de ses sœurs.

De son côté, elle n'a pas ménagé ses efforts pour tenter de les faire libérer. Le 5 août 1942, elle écrit au commandant du camp de Pithiviers. Sa lettre reste sans réponse. Apprenant le départ de Chaja, Ginette s'adresse alors au préfet du département du Loiret et au chef de la Kommandantur d'Orléans le 10 août. Elle essaie de faire valoir la nationalité française des jeunes filles, sa propre qualité de femme de prisonnier de guerre, ainsi que de ses ressources qui lui permettraient de subvenir à leurs besoins. Rien n'y fait.

Chaja a été déportée par le convoi 14 parti de Pithiviers le 3 août 1942. Rosette et Paulette la suivent quelques jours plus tard, le 7 août 1942.

Aucune d'elles n'est revenue.

Ginette, qui vit seule depuis que son mari a été fait prisonnier de guerre en Allemagne, est arrêtée à son tour, le 5 décembre 1942. Elle est conduite à Drancy où elle retrouve son père, David. Ginette ne pourra rien pour faire libérer son père, mais tentera d'améliorer son quotidien en lui fournissant du ravitaillement qu'elle a plus de facilités à se procurer grâce à son statut. Il sera déporté sans retour par le convoi du 9 février 1943.

Entre décembre 1942 et juin 1944, Ginette va successivement connaître les camps de Drancy, Beaune-la-Rolande, puis de nouveau Drancy et l'une de ses annexes, le camp de Lévitan. Elle sera déportée à Bergen-Belsen le 21 juillet 1944 avec d'autres femmes et enfants de prisonniers de guerre.

Elle rentrera de déportation et retrouvera son mari, Marcel.

Le 13 février 2008, la fille de Ginette, Rosette Sender, a confié aux archives du Mémorial de la Shoah les lettres reçues par sa mère. Ginette est toujours en vie aujourd'hui.

Nous partons demain du Vélodrome
d'Hiver pour le Loiret

Si Claire Letitchewsky échappe à l'arrestation ce jour de juillet 1942, c'est parce qu'elle se trouve à la campagne. Ses parents Reiza (Rose) et Joseph-Haïm ainsi que son frère Maurice, quatorze ans, sont arrêtés à leur domicile et internés au Vél'd'Hiv.

De là, le 19 juillet, Rose écrit à sa sœur, Berthe.

> Paris le 19 juillet 19..
>
> Ma chère Berthe
>
> Tu sais le malheur qui m'est arrivé. J'ai laissé Claurette à la campagne et je n'ai pas pu aller la chercher, heureusement pour elle car si tu voyais l'état où nous sommes. J'ai écrit à ma mère qu'elle prenne Claurette après les vacances et qui en attendant vous allez la voir toutes les deux chaque semaine. Pour le payement tu l'adresseras à mon ~~v~~ ... Georges dont voici l'adresse.
>
> Georges Prud'homme
> 40 rue de Reuilly 40
> Paris XII°

© *Mémorial de la Shoah, collection Lander*

J'espère que tu t'occuperas d'elle et surtout
ne lui dit pas où nous sommes, pendant
les vacances dis lui que nous ne pouvons pas
voyager en Zone d'Oise [excepté pour les
juifs français] si nous ne sommes pas rentrés quand elle reviendra, dis lui que
nous sommes partis travailler la terre
et que l'on n'a pas pu la prendre car
elle était trop jeune. Embrasse bien la
bien pour nous et surtout va la voir
toutes les semaines. Nous allons
part du poste ce matin pour une
destination inconnue.

Je t'embrasse bien fort ainsi que
Joseph et Maurice et à bientôt
Maintenant on s'arrange pour écrire
mais après on ne sait pas si nous pourrons

Paris, le 19 juillet 1942

Ma chère Berthe,
Tu sais le malheur qui m'est arrivé. J'ai laissé Clairette à la campagne et je n'ai pas pu aller la chercher, heureusement pour elle car si tu voyais l'état où nous sommes. J'ai écrit à ma mère qu'elle prenne Clairette après les vacances et qu'en attendant vous alliez la voir toutes les deux chaque semaine. Pour le paiement, tu t'adresseras à mon neveu Georges, dont voici l'adresse :
Georges Prud'homme
40, rue Reuilly 40
Paris XII
J'espère que tu t'occuperas d'elle, et surtout ne lui dis pas où nous sommes pendant les vacances, dis-lui que nous ne pouvons pas voyager en Seine-et-Oise (excepté pour les Juifs français) ; si nous ne sommes pas rentrés quand elle reviendra, dis-lui que nous sommes partis travailler la terre et que l'on n'a pas pu la prendre car elle était trop jeune. Embrasse-la bien pour nous, et surtout va la voir toutes les semaines. Nous allons peut-être partir ce matin.

Rose et Joseph Haïm sont tous les deux nés à Ouman en Russie, à la toute fin du XIXe siècle. Ils étaient arrivés en France très jeunes, leur famille ayant quitté Ouman à la suite du pogrom qui avait frappé la communauté juive de la ville en 1905.

En 1942, la famille Letitchewsky vit 42, rue de Chanzy dans le XIIe arrondissement. Joseph est tapissier. Le premier enfant, Maurice, né le 16 janvier 1928, est alors étudiant au collège Arago. Claire est née en 1932 et fréquente l'école élémentaire.

Une deuxième lettre écrite du Vél'd'Hiv est datée du 20 juillet 1942.

© *Mémorial de la Shoah, collection Lander*

Je t'embrasse bien fort ainsi que mes mauel Manu
née et à bientôt.
  ton ~~~ Henri

Chère maman.

Aussitôt que j'arriverai à ma destination,
si l'on peut envoyer des colis, je te demanderai
de m'envoyer des affaires car nous avons presque
rien comme. Va chez le cordonnier chercher
deux paires de chaussures au nom de madame
Rose, une paire marron et un noire (chaussures
d'homme) le cordonnier se trouve juste en face
de chez Fuel (boutique en vide) rue Paul
Bert. Je t'embrasse bien fort ainsi que Manuu
et Joseph à bientôt
           ton Henri

Paris, le 20/7/1942

Chère Berthe,
Je t'écris pour te dire que nous partons demain matin du vélodrome d'hiver pour le Loiret du côté de Beaune-la-Rolande ou Pithiviers. Je te répète une fois encore de bien faire attention à Clairette. Je ne sais pas si je pourrai t'écrire souvent, c'est pourquoi je te dis encore une fois fais bien attention à ma fille, va la voir toutes les semaines avec maman. Le nécessaire sera payé par mon neveu Georges, dont je vous ai donné l'adresse dans nos dernières lettres. Si tu n'as pas reçu mes lettres, voici encore son adresse :
Georges Prud'homme
40, rue Reuilly 40
Paris XII
Je t'embrasse bien fort, ainsi que mon mari et Maurice et à bientôt

Ta sœur Rose

Chère maman,
Aussitôt que j'arriverai à ma destination, si l'on peut envoyer des colis, je te demanderai de m'envoyer des affaires car nous n'avons presque rien amené. Va chez le cordonnier chercher deux paires de chaussures au nom de madame Rose, une paire marron et une noire (chaussures d'hommes), le cordonnier se trouve juste en face de chez Féral (la boutique verte) rue Paul Bert. Je t'embrasse bien fort ainsi que Maurice et Joseph et à bientôt.
Ta fille Rose

Le 20 juillet 1942 est également la date qui figure sur les fiches d'entrée qui ont été établies au nom de Rose, Joseph et Maurice lorsqu'ils arrivent à Pithiviers. Ils sont rapidement séparés. C'est d'abord Joseph qui est « remis aux Autorités d'occupation » et déporté par le convoi 13 du 31 juillet 1942. Rose fait partie du convoi 14 qui partira le 3 août. Maurice, quant à lui, reste seul jusqu'au 7 août, date du départ du convoi 16 qui l'emmène à Auschwitz-Birkenau. Aucun d'entre eux n'est revenu.

C'est Claire qui a conservé les lettres de sa mère et les a déposées au Mémorial de la Shoah en septembre 2005.

Annexes

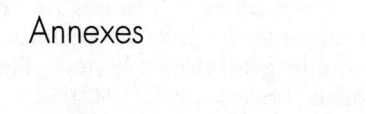

Les autobus et voitures de police ayant servi à transporter les Juifs au Vélodrome d'Hiver lors de la rafle, garés devant le stade, Paris XVe arrondissement (France, 16/07/1942).

© *Mémorial de la Shoah-CDJC, collection BHVP*

La circulaire du 13 juillet 1942 signée Hennequin, alors directeur de la police municipale, est adressée à tous les commissaires de Paris et de sa banlieue. Elle indique de façon très précise les consignes aux équipes chargées des arrestations.

PRÉFECTURE DE POLICE   PARIS, le 13 Juillet 1942

Direction
de la
Police Municipale   SECRET

ÉTAT-MAJOR

Ier Bureau - A

CIRCULAIRE N° 173 - 42

à Messieurs les Commissaires Divisionnaires, Commissaires de Voie Publique et des Circonscriptions de Banlieue.
(En communication à Direction P.J. - R.Gx - Gendarmerie et Garde de Paris).

Les Autorités Occupantes ont décidé l'arrestation et le rassemblement d'un certain nombre de juifs étrangers.

I - PRINCIPES

A - À qui s'applique cette mesure ?

a) catégories :

La mesure dont il s'agit, ne concerne que les juifs des nationalités suivantes :

- Allemands
- Autrichiens
- Polonais
- Tchécoslovaques
- Russes (réfugiés ou soviétiques, c'est-à-dire "blancs" ou "rouges")
- Apatrides, c'est-à-dire de nationalité indéterminée.

b) âge et sexe :

Elle concerne tous les juifs des nationalités ci-dessus, quel que soit leur sexe, pourvu qu'ils soient âgés de 16 à 60 ans (les femmes de 16 à 55 ans).

Les enfants de moins de 16 ans seront emmenés en même temps que les parents.

Dérogations :

Ne tombent pas sous le coup de la mesure :

- les femmes enceintes dont l'accouchement serait proche
- les femmes nourrissant au sein leur bébé
- les femmes ayant un enfant de moins de 2 ans, c'est-à-dire né après le Ier Juillet 1940
- les femmes de prisonniers de guerre
- les veuves ou veufs ayant été mariés à un non-juif

..../

© Mémorial de la Shoah-CDJC

- 2 -

- les juifs ou juives mariés à des non-juifs, et faisant la preuve, d'une part, de leurs liens légitimes, et d'autre part, de la qualité de non-juif de leur conjoint.
- les juifs et juives porteurs de la carte de légitimation de l'Union Générale des Israélites de France, carte qui est de couleur bulle ou jaune clair
- les juifs ou juives dont l'époux légitime est d'une nationalité non visée au paragraphe a
- les parents dont l'un au moins des enfants n'est pas juif.

Dans le cas où un membre de la famille bénéficie de la dérogation, les enfants ne sont pas emmenés, à moins qu'ils ne soient juifs et âgés de 16 ans et plus.

B - Exécution :

Chaque israélite (homme et femme) à arrêter fait l'objet d'une fiche. Ces fiches sont classées par arrondissement et par ordre alphabétique.

Vous constituerez des équipes d'arrestation. Chaque équipe sera composée d'un gardien en tenue et d'un gardien en civil ou d'un inspecteur des Renseignements Généraux ou de la Police Judiciaire.

Chaque équipe devra recevoir plusieurs fiches. A cet effet, l'ensemble des fiches d'un arrondissement ou d'une circonscription sera remis par ma Direction ce jour à 21 heures.

Les équipes chargées des arrestations devront procéder avec le plus de rapidité possible, sans paroles inutiles et sans commentaires. En outre, au moment de l'arrestation, le bien-fondé ou le mal-fondé de celle-ci, n'a pas à être discuté. C'est vous qui serez responsables des arrestations et examinerez les cas litigieux, qui devront vous être signalés.

Vous instituerez, dans chacun de vos arrondissements ou circonscriptions, un ou plusieurs "Centres primaires de rassemblement", que vous ferez garder. C'est dans ce ou ces centres que seront examinés par vous les cas douteux. Si vous ne pouvez trancher la question, les intéressés suivront momentanément le sort des autres.

Des autobus, dont le nombre est indiqué plus loin, seront mis à votre disposition.

Lorsque vous aurez un contingent suffisant pour remplir un autobus, vous dirigerez :

a) sur le Camp de Drancy les individus ou familles n'ayant pas d'enfant de moins de 16 ans

b) sur le Vélodrôme d'Hiver : les autres.

En ce qui concerne le Camp de Drancy, le contingent prévu doit être de 6.000. En conséquence, chaque fois que vous ferez un départ pour Drancy, vous ferez connaître le nombre de personnes transportées dans ce camp à l'Etat-Major qui vous préviendra lorsque le maximum sera atteint.

..... /

Vous dirigerez alors les autobus restants sur le Vélodrôme d'Hiver.

Vous affecterez à chaque autobus une escorte suffisante. Les glaces de la voiture devront demeurer fermées et la plateforme sera réservée aux bagages. Vous rappellerez aux équipes spéciales d'arrestation, en leur en donnant lecture, les instructions contenues dans les consignes que vous remettrez à chacune d'elles avant de procéder aux opérations.

Vous leur indiquerez également, d'une façon nette, les renseignements qu'ils devront, après chaque arrestation, porter au verso de la fiche afférente à la personne arrêtée.

Vous ne transmettrez que le 18 au matin :

1°) les fiches des personnes dont l'arrestation aura été opérée.

2°) les fiches des personnes disparues.

3°) les fiches des personnes ayant changé d'adresse, et dont la nouvelle résidence est connue à moins que cette dernière ne se trouve dans votre arrondissement.

Enfin, vous conserverez pour être exécutées ultérieurement les fiches des personnes momentanément absentes lors de la première tentative d'arrestation.

Pour que ma Direction soit informée de la marche des opérations, vous tiendrez au fur et à mesure, à votre Bureau, une comptabilité conforme au classement ci-dessus.

Des appels généraux vous seront fréquemment adressés pour la communication de ces renseignements.

Parmi les personnes arrêtées, vous distinguerez le nombre de celles conduites à Drancy de celles conduites au Vélodrôme d'Hiver.

Pour faciliter le contrôle, vous ferez porter au verso de la fiche, par un de vos secrétaires, la mention "Drancy" ou "Vélodrôme d'Hiver" selon le cas.

II - EFFECTIFS et MATERIEL

A - Dispositions générales :

Les permissions seront suspendues du 15 courant à 18 heures au 17 courant à 23 heures et tous les cours supprimés jusqu'à la reprise des permissions.

Le service de garde des Etablissements allemands ne sera pas assuré, sauf celui des parcs de stationnement et des garages installés dans les passages souterrains, du 15 courant à 21 heures 30 au 17 à 21 heures 30, sauf quelques rares exceptions dont vous serez seuls juges.

..../

- 4 -

En conséquence, les renforts fournis habituellement pour ce service spécial ne vous seront pas envoyés.

De cette situation, il résulte que chaque arrondissement peut sans difficulté affecter à la constitution des "équipes spéciales", 10 gardiens par brigade de roulement et la Brigade D au complet, sans que le service normal de l'arrondissement en soit affecté, assuré qu'il sera par le reste de la brigade de roulement (dont l'effectif, du fait de la suppression des permissions, correspondra au moins à son effectif habituel).

Les gardiens désignés pour constituer les équipes spéciales seront exemptés de leur service normal d'arrondissement à partir du 15 courant à 18 heures; ils assureront à nouveau leur service habituel à partir du 17 courant à 23 heures.

Ceux qui reprendront la surveillance des établissements allemands le 17 courant à 21 heures 30 devront être libérés de tout service dans l'après-midi du même jour.

B - Equipes spéciales d'arrestation.

I - Renforts les 16 et 17 Juillet.

Les services détachant les effectifs ci-dessous indiqués devront prévoir l'encadrement normal, les chiffres donnés n'indiquant que le nombre des gardiens. Les gradés n'interviendront pas dans les arrestations, mais seront employés selon vos instructions au contrôle et à la surveillance nécessaires.

Arrondissements	Nombre total d'équipes à constituer par chaque arrondissement	Renforts reçus par les Arrondissements
1er	6 équipes	
2ème	33 -	Reçoit 11 gardiens en civil du Ier Arrdt. 10 - - de l'Ecole Pratique
3ème	156 -	Reçoit 54 gardiens en tenue du Ier Arrdt. 45 - - du 14° 143 gardiens en civil de l'Ecole Pratique
4ème	139 -	Reçoit 50 gardiens en tenue du 5° Ardt. 25 - - 12° 130 gardiens en civil de l'Ecole Pratique
5ème	24 -	Reçoit 16 gardiens en civil de l'Ecole Pratique
6ème	8 -	
7ème	4 -	

....../

Arrondissements	Nombre total d'équipes à constituer par chaque arrondissement	Renforts reçus par les Arrondissements
8ème	7 équipes	
9ème	52 -	Reçoit 36 gardiens en civil de l'Ecole Pratique
10ème	152 -	Reçoit 30 gardiens en tenue du 2ème Arrdt. 55 - - 6ème - 12 - - 9ème - 140 gardiens en civil de l'Ecole Pratique
11ème	246 -	Reçoit 53 gardiens en tenue du 7ème Arrdt. 30 - - 8ème - 100 - - de l'Ecole Pratique 7 gardiens en civil du 8ème Arrdt. 10 - - 7ème - 220 Inspecteurs des Renseignements Généraux
12ème	34 -	Reçoit 22 gardiens en civil de l'Ecole Pratique
13ème	32 -	Reçoit 21 gardiens en civil de l'Ecole Pratique
14ème	17 -	Reçoit 5 gardiens en civil de l'Ecole Pratique
15ème	23 -	Reçoit 13 gardiens en civil de l'Ecole Pratique
16ème	25 -	Reçoit 10 gardiens en civil de l'Ecole Pratique
17ème	25 -	Reçoit 9 gardiens en civil de l'Ecole Pratique
18ème	121 -	Reçoit 33 gardiens en tenue du 13ème Arrdt. 36 - - 15ème - 106 gardiens en civil de l'Ecole Pratique
19ème	111 -	Reçoit 38 gardiens en tenue du 17ème Arrdt. 10 - - 16ème - 98 gardiens en civil de l'Ecole Pratique
20ème	255 -	Reçoit 10 gardiens en tenue du 16ème Arrdt. 200 - - de l'Ecole Pratique 250 Inspecteurs de la Police Judiciaire.

2 - <u>horaire de travail des équipes spéciales</u>.

Les Inspecteurs et gardiens constituant les équipes spéciales d'arrestation prendront leur service au Central de l'Arrondissement désigné, le 16 courant à 4 heures du matin. Ils effectueront leur service :

...../

XX-14a

- 6 -

1°) <u>le 16</u> de 4 heures à 9 heures 30, et
de 12 heures à 15 heures 30.

2°) <u>le 17</u> de 4 heures à 13 heures.

C - <u>Garde des Centres primaires de rassemblement et accompagnement des autobus.</u>

I - Renforts les 16 et 17 Juillet :

Pour leur permettre d'assurer la garde de leurs centres primaires de rassemblement et l'accompagnement des détenus dans les autobus, les arrondissements les plus chargés recevront, en outre, les 16 et 17 Juillet les renforts suivants :

2ème Arrdt	:	15 Gardes à pied
3ème -	:	30 Gardiens de la C.H.R.
4ème -	:	15 - des Compagnies de Circulation 5 - de l'Ecole Pratique 25 Gardes à pied
5ème -	:	10 Gardes à pied
9ème -	:	15 Gardes à pied
10ème -	:	10 Gardiens de l'Ecole Pratique 30 Gardes à pied
11ème -	:	10 Gardiens des Compagnies de Circulation 10 - de l'Ecole Pratique 40 Gardes à pied
12ème -	:	10 Gardes à pied 5 Gardiens de l'Ecole Pratique
13ème -	:	10 Gardes à pied 5 Gardiens de l'Ecole Pratique
14ème -	:	10 Gardes à pied 5 **Gardiens de l'Ecole** Pratique
15ème -	:	10 Gardes à pied
16ème -	:	10 Gardes à pied 5 Gardiens de l'Ecole Pratique
17ème -	:	10 Gardes à pied
18ème -	:	25 Gardiens des Compagnies de Circulation 15 Gardes à pied

...../ 10.7

- 7 -

19ème Arrdt	:	20 Gardiens des Compagnies de Circulation
		15 Gardes à pied
20ème Arrdt	:	30 Gardiens des Compagnies de Circulation
		30 Gardes à pied

2 - **Horaire** :

Les renforts destinés à la garde des centres primaires de rassemblement et à l'accompagnement des autobus prendront leur service au Central de l'Arrondissement désigné le 16 courant à 5 heures du matin.

Ils assureront leur service les 16 et 17 Juillet :

Equipe n° 1 de 5 heures à 12 heures

Equipe n° 2 de 12 heures à fin de service.

En ce qui concerne les effectifs de la Garde de Paris, la relève aura lieu au gré du commandement.

P - Circonscriptions de banlieue.

Toutes les circonscriptions de banlieue, sauf celles des Lilas, de Montreuil, Saint-Ouen et Vincennes, constitueront leurs équipes spéciales d'arrestation, assureront la garde de leurs centres primaires de rassemblement et l'accompagnement, à l'aide de leurs propres effectifs.

En ce qui concerne le matériel, celui-ci vous sera envoyé après communication des chiffres aux appels généraux, de manière à organiser des itinéraires de transfèrement.

Suivant l'horaire et les dates fixées pour Paris, chapitre B, paragraphe 2, les renforts suivants seront fournis :

- **SAINT-OUEN** : 20 gardiens en tenue et 12 gardiens en civil fournis par la 2ème Division sur ses effectifs de banlieue

- **LES LILAS** : 20 gendarmes et 14 gardiens en civil de l'Ecole Pratique

- **MONTREUIL** : 25 gendarmes et 18 gardiens en civil de l'Ecole Pratique

- **VINCENNES** : 15 gendarmes et 9 gardiens en civil de l'Ecole Pratique.

Dans les Circonscriptions des Lilas, Montreuil et Vincennes, les Commissaires commenceront les opérations dès 4 heures du matin avec leurs propres effectifs et les gendarmes, et recevront les gardiens en civil de l'Ecole Pratique par le premier métro : c'est-à-dire aux environs de 6 heures 15.

..../

E - **Matériel** :

La Compagnie du Métropolitain, réseau de surface, enverra directement les 16 et 17 Juillet à 5 heures aux Centraux d'Arrondissement où ils resteront à votre disposition jusqu'à fin de service :

- 1er Arrdt : 1 autobus
- 2ème - : 1 -
- 3ème - : 3 -
- 4ème - : 3 -
- 5ème - : 1 -
- 6ème - : 1 -
- 7ème - : 1 -
- 8ème - : 1 -
- 9ème - : 2 -
- 10ème - : 3 -
- 11ème - : 7 -
- 12ème - : 2 -
- 13ème - : 1 -
- 14ème - : 1 -
- 15ème - : 1 -
- 16ème - : 1 -
- 17ème - : 1 -
- 18ème - : 3 -
- 19ème - : 3 -
- 20ème - : 7 -

A la Préfecture de Police (Caserne de la Cité) :

6 autobus.

Lorsque vous n'aurez plus besoin des autobus, vous en aviserez d'urgence l'Etat-Major P.M., et, de toute façon vous ne les renverrez qu'avec son accord.

En outre la Direction des Services Techniques tiendra à la disposition de l'Etat-Major de ma Direction, au garage, à partir du 16 Juillet à 8 heures :

10 grands cars.

Les Arrondissements conserveront jusqu'à nouvel ordre les voiturettes mises à leur disposition pour le service spécial du 14 Juillet, contrairement aux instructions de ma Circulaire n° 170-42 du 13 Juillet.

De plus, de 6 heures à 18 heures, les 16 et 17 Juillet, un motocycliste sera mis à la disposition de chacun des : 9ème - 10ème - XIème - 18ème - 19ème et 20ème Arrdts.

F - **Garde du Vélodrôme d'Hiver** :

La garde du Vélodrôme d'Hiver sera assurée, tant à

..../

l'intérieur qu'à l'extérieur, par la Gendarmerie de la Région Parisienne et sous sa responsabilité.

C - Tableau récapitulatif des fiches d'arrestations :

Ier Arrdt	134	Asnières	32
2ème -	579	Aubervilliers	67
3ème -	2.675	Boulogne	96
4ème -	2.401	Charenton	25
5ème -	414	Choisy-le-Roi	8
6ème -	143	Clichy	62
7ème -	68	Colombes	24
8ème -	128	Courbevoie	34
9ème -	902	Gentilly	95
10ème -	2.594	Ivry-sur-Seine	47
11ème -	4.235	Les Lilas	271
12ème -	588	Levallois	47
13ème -	563	Montreuil	330
14ème -	295	Montrouge	34
15ème -	397	Neuilly-sur-Seine	48
16ème -	424	Nogent-sur-Marne	50
17ème -	424	Noisy-le-Sec	45
18ème -	2.075	Pantin	93
19ème -	1.917	Puteaux	38
20ème -	4.378	Saint-Denis	63
		Saint-Maur	45
		Saint-Ouen	261
		Sceaux	37
		Vanves	52
		Vincennes	153

25.334
2.057
27.391

2.057

Le Directeur
de la Police Municipale,

HENNEQUIN.

Le 13 juillet 1942, le directeur de la police municipale s'assure de la commande de 50 autobus de la Compagnie du métropolitain pour les 16 et 17 juillet 1942.

PRÉFECTURE DE POLICE

DIRECTION GÉNÉRALE
DE LA
POLICE MUNICIPALE

ETAT-MAJOR

1er Bureau B
N° 1.300/B

Paris, le 13 Juillet 19 42

Le Directeur de la Police Municipale

à

Monsieur le Directeur du Cabinet

Avec Publi Fl[...]
(Cabinet)

OBJET : commande de 50 Autobus pour
les journées des 16 et 17 Juillet.

J'ai l'honneur de vous prier de bien vouloir demander **d'urgence** à Monsieur le Préfet de la Seine de mettre les 16 et 17 Juillet de 5 heures du matin à fin de service (18 heures environ) 50 Autobus.

Ces véhicules devront être rendus dans les différents Centraux des Commissariats d'Arrondissement et à la Caserne de la Cité, suivant une répartition qui sera communiquée directement à la Compagnie du Métropolitain (Réseau de Surface).

J'ajoute que cette Compagnie a déjà été avisée par mes soins et attend la confirmation de la Préfecture de la Seine.

Le Directeur
de la Police Municipale,

Destinataire :

1 M. le Dr du Cabinet

1 Copie : 1er Bureau B

Archives nationales

Témoignage de F. BAUDVIN, sapeur-pompier affecté à la caserne de la rue des Entrepreneurs, 15 mai 2007.

« *Mes années de service au régiment de sapeurs-pompiers de Paris durant la guerre 1939-1945 m'ont conduit à des engagements souvent très pénibles. Les cas étaient différents les uns des autres mais toujours dans le but de porter assistance à autrui. Le mot différent est celui qui définit le mieux notre intervention au Vél'd'Hiv car nous ne partions pas pour une opération de secours. Le Vél'd'Hiv faisait partie d'une liste de bâtiments dangereux sur le plan incendie, mais uniquement quand ils étaient ouverts au public. L'ouverture nécessitait donc la présence d'un détachement de sapeurs-pompiers durant le temps de la représentation.*

Afin d'être plus clair sur les faits et pour être sûr de ne rien oublier, je dois décrire les faits tels que je les ai vécus depuis la caserne jusqu'à ma présence sur les lieux.

Ce jour de juillet se présentait comme les précédents avec le rituel militaire : 8 heures du matin, rassemblement dans la cour de la caserne en tenue d'intervention pour rendre les honneurs et prendre connaissance des rôles et fonctions nominatives pour les heures à venir. Lorsqu'au moment de procéder à l'appel, un planton vint apporter à l'officier de garde un message téléphoné. Ce document devait perturber pendant quelques minutes l'ensemble des gradés et entraîna une rapide modification de la liste des services. Après un rapide remaniement, la distribution commença par ces mots : détachement au Vél'd'Hiv, cinq noms de sapeurs dont le mien étaient prononcés, tenue de sortie avec casque, sac à dos complet avec tenue de feu, bottes et couverture, et article nécessaire pour un séjour à l'extérieur. Revue et départ dans vingt minutes. Rompez. Nous étions habitués aux exercices rapides et aux prises de positions rapides.

Personne ne connaissait la raison de ce service, pas même le commandant de compagnie, l'ordre émanant de l'état-major.

À l'heure dite, nous quittions la caserne au pas cadencé pour nous rendre au Vél'd'Hiv. En débouchant dans la rue Nélaton, une longue file d'autobus parisiens stationnait sur le côté jusqu'à l'entrée de l'établissement.

Lorsque notre détachement se présenta devant le portail principal, celui-ci était gardé tout d'abord par des gardes mobiles casqués et armés, à l'arrière se trouvait un important détachement de policiers en tenue. N'ayant ni relations ni points communs avec ces formations dont les fonctions étaient fort différentes des nôtres, nous marquâmes le pas jusqu'à ce qu'ils s'écartent pour nous laisser passer. Derrière ces policiers se tenaient d'autres personnes vêtues d'une gabardine et coiffées d'un chapeau dont nous connaissions les activités encore plus condamnables que les précédents. Toujours au pas cadencé, nous entrâmes dans la première enceinte pour gagner le local qui nous était réservé. Nous entendions derrière la deuxième porte des clameurs, des cris et des pleurs sans encore savoir ce qui se passait.

Sitôt après être entrés dans notre local, les électriciens affectés à l'établissement et qui occupaient le local contigu vinrent nous informer de la situation. Ils avaient été requis dans la nuit par la police pour procéder à la mise sous tension du dispositif d'éclairage. Leur première recommandation fut de *nous mettre en garde contre la surveillance exercée par les sinistres policiers en chapeau.*

Après avoir revêtu notre tenue, notre chef de groupe nous énuméra les différents moyens de secours propres à l'établissement. Pour la suite, nous dit-il, nous aviserons sur place.

En franchissant la porte d'accès à l'amphithéâtre, un triste spectacle s'offrait à nous. Sur la piste cycliste, des malades ou des infirmes gisaient allongés sur des paillasses. Un rapide coup d'œil vers les gradins montrait une occupation maximum des places. Certaines personnes pleuraient, les enfants quant à eux ne comprenaient pas l'importance de la situation et un immense brouhaha se dégageait de la masse.

Devant la situation, notre chef de groupe nous donna comme consigne de former deux unités de deux sapeurs et de parcourir les travées à la recherche du moindre indice de fumée suspecte, un incendie dans les conditions présentes serait catastrophique.

Dès notre entrée en contact avec les gens, nous avions le sentiment d'être pris pour leurs sauveurs. Hélas, notre mission n'était pas de leur apporter de l'aide mais de veiller sur leur sécurité. Tous nous demandaient la même chose « faites-nous sortir de là ». De notre côté, nous ne savions pas pourquoi ils avaient été amenés ni quel serait leur destin. Depuis leur arrivée, nous étions les premières personnes avec qui ils pouvaient parler sans réserve. Nous devions de suite leur faire comprendre qu'ils devaient éviter de s'agglutiner autour de nous du fait qu'eux comme nous étaient épiés depuis l'entrée par les « gabardines ». Nous pouvions par contre répondre individuellement à leurs questions et dans des angles invisibles aux guetteurs.

Après avoir examiné minutieusement les endroits les plus reculés, nous pûmes entreprendre de répondre à quelques questions sans assurance formelle. Tous avaient un besoin de se confier et nous ne pouvions qu'être compréhensifs à leur douleur. Une dame âgée s'aventura à me demander très discrètement s'il me serait possible de leur poster une lettre, ce que je lui promis de faire le lendemain à ma sortie. Ce fut le début d'une énorme collecte assurée par les cinq hommes du détachement.

Les choses se compliquèrent quand certains n'avaient pas d'enveloppes ni de timbres, mais pouvaient nous fournir l'argent nécessaire aux achats. Il leur suffisait de mettre l'adresse du destinataire afin [que nous puissions confectionner] nous-mêmes les enveloppes.

Pour sortir toute cette correspondance du Vél'd'Hiv, il fallait trouver un moyen sûr et sans risque pour notre corporation et tenir la promesse faite. Il fut convenu que lorsque nos poches seraient assez remplies, les lettres seraient entreposées dans le poste d'incendie, entre les piles de tuyaux d'incendie de réserve emmagasinées dans un placard. Par la suite et avant la fin de notre garde, ces lettres seraient emportées dans notre sac à dos en lieu et place de la tenue que nous portions alors dans l'enceinte. Chacun ferait un paquet de ses propres vêtements, qui seraient repris par la camionnette chargée d'apporter le café du matin. Nous n'étions pas à l'abri d'une fouille de la part des gens pour qui nous n'avions aucune sympathie ni amitié.

En reprenant le cours des évènements, nous devions avoir, vers 10 heures du matin, la visite du capitaine Pierret, commandant de la compagnie. Il venait inspecter les moyens dont nous disposions face à un éventuel sinistre.

Après avoir parcouru l'ensemble des gradins en saluant çà et là les personnes entassées, il nous ordonna de déployer les tuyaux souples d'incendie disposés auprès des robinets et de les mettre sous pression lance fermée, prête à fonctionner afin de pouvoir parer à toute éventualité. Ce procédé avait un autre but, c'était d'amener un peu d'eau à tous en multipliant par trois les moyens de s'abreuver. La manœuvre n'avait pas échappé à la surveillance des gardiens au chapeau, ce qui devait d'ailleurs créer un grave incident. Un jeune sous-lieutenant des gardes mobiles, probablement leur chef de détachement, ordonna sèchement à notre capitaine de faire replier immédiatement les tuyaux que nous venions d'installer. Ce jeune officier semblait ignorer que les sapeurs-pompiers de Paris faisaient également partie de l'Armée française, ou de ce qui en restait à l'époque, ce que ne devait pas manquer de lui rappeler le capitaine Pierret en ces termes : « Lieutenant, lorsqu'un officier subalterne s'adresse à un supérieur, il doit le faire avec déférence et respect. Votre attitude ne semble pas avoir été enseignée à Saint-Cyr, dont je suis issu, je vous ordonne de reculer à six pas et vous mettre au garde-à-vous » ; après quoi il lui déclara : « Lieutenant, je n'ai d'ordre à recevoir que de mes supérieurs et en leur absence, le chef de la sécurité incendie, c'est moi ». […]

Après le départ de notre capitaine, chaque petite équipe devait reprendre son travail d'attention en même temps que la collecte des lettres. Cette collecte de précieux plis devait se poursuivre tout au long de la journée et une partie de la nuit, jusqu'au moment où il fallait préparer notre sac bourré de missives pour le retour à la caserne, dès que l'équipe de relève serait arrivée.

Notre sortie du Vél'd'Hiv s'effectua comme l'arrivée, en passant devant le service de garde, au pas cadencé.

À notre retour à la caserne et après le café du matin, le capitaine Pierret nous réunissait tous les cinq dans le gymnase couvert à l'écart de toute oreille indiscrète, pour nous faire part de sa décision dans les termes suivants : « Vous avez pris des engagements au cours de votre garde écoulée, il vous faut maintenant les tenir. Ce que vous avez collecté doit parvenir aux destinataires, mais vous devez utiliser le plus grand nombre possible de boîtes publiques. Évitez les XVe, VIIe et XVIe arrondissements, et soyez méfiants. Je vous accorde à chacun une permission pour la journée, le sergent de semaine vous la remettra à votre sortie, ainsi que des bons de métro gratuits. J'ajoute que pour le cas où l'un de vous aurait un problème, dites que vous agissez seul. Vous n'avez reçu aucun ordre ni recommandation de ma part. Je ne peux pas vous aider, allez et faites au mieux. » [...]

Je retournai auprès de mes camarades pour préparer et compléter les adresses des plis, et tout d'abord acheter des enveloppes et des timbres. Nous avions chacun recueilli plus d'une centaine de lettres, pour ma part 144 selon mes notes. La quasi-totalité de la matinée fut prise par la rédaction d'adresses dont certaines étaient difficiles à décrypter sur ces piètres papiers qu'avaient pu se procurer nos amis juifs prisonniers au Vél'd'Hiv.

Après le repas pris à onze heures, chacun de nous devait se précipiter vers les boîtes avec un quartier déterminé, nos lettres devaient parvenir le plus rapidement possible. [...]

Pour ce qui concerne les évènements du Vél d'Hiv, il n'existe rien dans les archives du régiment ayant trait à nos actions. [...] »

Mémorial de la Shoah-CDJC, collection Baudvin

Témoignage de Mlle J.M. Matthey-Jonais, infirmière de la Croix-Rouge en 1942.

Ces quelques lignes ont été rédigées à la demande de Georges Wellers, en 1961, et publiées dans la brochure *Les Journées tragiques des 16 et 17 juillet 1942 à Paris*

« J'ai assuré le service, en qualité d'infirmière de la CRF[1] au vélodrome d'hiver les 16-17-18 et 19 juillet 1942, de jour et de nuit, sans médecins sauf ceux qui faisaient partie des Juifs expulsés (comme on les appelait) qui n'avaient pas de médicaments, ni aucun appareil médical. Le service policier était assuré par de nombreux gardes mobiles français qui étaient commandés par des Allemands en civil. Travail très actif pour nous infirmières, mais horriblement triste et douloureux car nous manquions du nécessaire et ne pouvions guère que soutenir le moral de tous ces hommes, femmes et enfants arrêtés à leur domicile, dans la rue et même dans les hôpitaux où ils étaient en traitement. Aucune installation sanitaire, pas de lavabos ni de

---

1. Croix-Rouge française.

WC ; l'eau était coupée et nous étions obligées d'aller chercher de l'eau dans des brocs pour étancher leur soif... Aucune nourriture sauf la soupe envoyée par la CRF mais en trop petite quantité pour en donner à tous. Atmosphère étouffante et nauséabonde, crises de nerfs, hurlements, pleurs des enfants et même de grandes personnes qui étaient à bout de forces physiques et morales. Plusieurs fous qui sèment la panique. Tous pêle-mêle sans possibilité de couchage, aucun matelas, et entassés les uns sur les autres. Beaucoup de malades contagieux, surtout parmi les enfants. Ces derniers étaient mis à même le sol dans les loges qui entouraient la piste centrale par catégories de maladies et emmenés tous les soirs, mais nous n'avons jamais connu quelle était leur destination, ni le sort qui leur était réservé. »

Éditions du Centre de documentation juive contemporaine, Paris, 1962

Transcription des notes manuscrites de M. André Baur.

André Baur, président de l'UGIF[1] en zone occupée, a pu se rendre au Vél'd'Hiv, accompagné de deux de ses collaborateurs, A. Katz et F. Musnik. André Baur, sa femme et ses quatre enfants ont été arrêtés et déportés en 1943. A. Katz et sa femme, ainsi que F. Musnik, ont subi le même sort.

Ces notes, rédigées au crayon à l'époque même des faits, ont été transmises bien après la guerre à Georges Wellers par Marcel Baur, le frère d'André. Il les a retranscrites et publiées partiellement dans son livre, *L'Étoile jaune à l'heure de Vichy* (Fayard, 1973).

« [...]
Le Vél'd'Hiv. La vaste enceinte grouille de haut en bas. Avant d'y pénétrer, nous voyons à l'extérieur, dans une courette, un pompier distribuer de l'eau à des enfants, au bout d'un tuyau d'incendie qui s'alimente dans la rue. Il n'y a donc pas d'eau à l'intérieur. Dès l'entrée, de nombreux ballots épars, des hardes enveloppées dans des édredons ficelés, des valises, des sacs de tous genres. Interrogés, les gendarmes répondent : objets perdus. Nous pénétrons sur la piste centrale par le tunnel. Spectacle. Une foule énorme dans des tribunes où les fauteuils paraissent tous occupés. À l'examen, on constate des milliers de gens assis, occupant avec leurs ballots et valises les fauteuils autour d'eux. Sur le terre-plein central, des enfants courent et semblent

---

1. UGIF : voir note page 59.

jouer, pourchassés par des gendarmes qui ont l'ordre de les faire remonter dans les gradins. De temps en temps, des jeunes gens apportent des baquets d'eau et tous s'y précipitent pour remplir leurs quarts, leurs casseroles ou de simples boîtes de conserve. Sur la piste, à droite en sortant du tunnel, des brancards sont posés où geignent des femmes et des enfants étendus. Dans une petite enceinte à gauche, la Croix-Rouge a installé une ambulance où s'affairent des infirmières et les deux médecins. Le chiffre des internés qu'on nous donne serait de 7 500, dont 3 200 enfants et environ 2 000 hommes et 2 000 femmes. On a l'impression qu'il n'y a que des enfants et des malades. Pour cet ensemble, on n'a amené qu'une cinquantaine de brancards et matelas.

Comme il n'y a pas de possibilité de s'étendre dans les gradins, tous cherchent à être reconnus malades pour pouvoir s'allonger.

Rapport des médecins sur l'état sanitaire. On nous presse de tous côtés dès que nous nous arrêtons. On nous injurie, nous sommes des fonctionnaires juifs et nous sommes responsables de leur internement. Tous sortent des certificats médicaux. Des veuves de guerre, des cas où l'internement n'était pas prévu par les instructions.

À notre demande, les autorités allemandes (Röthke), en l'absence de Dannecker et Heinrikson[1], nous avaient donné des laissez-passer de nuit. Nous quittons à 23 heures.

---

1. Ernst Heinrichsohn (mal orthographié par André Baur) est l'adjoint de Theodor Dannecker, chef du service des affaires juives de la Gestapo, puis de Heinz Röthke, qui le remplace à ce poste en juillet 1942.

Nous y retournons le lendemain 17 à 18 heures, emmenant avec nous Röthke pour qu'il se rende compte de la situation et qu'il autorise l'envoi de médecins supplémentaires que nous demandons avec insistance. Il n'y a en effet que deux médecins juifs et un de la Croix-Rouge pour 7 500 personnes avec près de 50 % d'enfants. Röthke interroge nos médecins, il paraît atterré sincèrement. Les infirmières ont les larmes aux yeux, les gendarmes écœurés. La préfecture de la Seine, [représentée par] Mme Calmette, essaie de mettre de l'ordre. Mais il n'y a rien à faire. C'est un chaos indescriptible. Pas la trace de la moindre organisation, pas de direction, pas de responsables ou trop.

Lâcheté, veulerie, peur, surtout crainte de mécontenter les AO[1] en montrant de la bienveillance.

Une distribution a eu lieu de bouillon pour les adultes, de lait aux enfants. On a évacué des femmes prêtes à accoucher et quelques grands mutilés. Des enfants rougeoleux circulent dans la foule.

[...]

Nous apprenons samedi soir qu'une première évacuation d'un millier doit avoir lieu le lendemain matin à 6 heures. Direction Pithiviers ou Beaune-la-Rolande.

Dans la nuit, le chef de cabinet Gallien, ayant fait une visite accompagnée d'un médecin, a déclaré que tout était parfait et que l'état sanitaire ne nécessitait pas le déplacement de plus de deux médecins.

Une femme devenue folle est liée sur un brancard, une autre a cherché à tuer son enfant avec une

---

1. AO : Autorités d'occupation.

bouteille. Un autre enfant fut amené, les veines du poignet presque sectionnées par sa mère. »

Mémorial de la Shoah-CDJC

Témoignage de Georges Wellers sur l'arrivée des enfants à Drancy, dans *De Drancy à Auschwitz*.

Georges Wellers est né en Russie en 1905. Il était chef de laboratoire à la faculté de médecine de Paris quand il a été arrêté par la Gestapo en décembre 1941. Interné à Drancy de juin 1942 à juin 1944, il a été témoin de l'arrivée des enfants arrêtés lors de la rafle du Vél'd'Hiv en provenance des camps du Loiret. Ces enfants ont été déportés à Auschwitz et gazés, dès leur arrivée, avec leurs infirmières, vers la fin du mois d'août 1942. Déporté à son tour à Auschwitz, puis à Buchenwald, Georges Wellers a été libéré par les Américains en avril 1945.

Dès 1946, son témoignage a été publié sous le titre *De Drancy à Auschwitz*. Les lignes qui suivent en sont extraites.

« Dans la deuxième moitié du mois d'août, on amena à Drancy 4 000 enfants sans parents. Ces enfants avaient été arrêtés avec leurs parents le 16 juillet. Deux jours plus tard, les parents et les enfants furent envoyés de Paris au camp de Pithiviers. Là, on sépara les enfants des parents. On déporta les parents directement de Pithiviers et on envoya les enfants, par groupes de 1 000 mêlés à 200 grandes personnes étrangères, à Drancy.

Ces enfants étaient âgés de deux à douze ans. On les déchargea des autobus au milieu de la cour, comme de petites bestioles. Les autobus arrivaient avec des agents sur les plates-formes, les barbelés étaient gardés par un détachement de gendarmes. La majorité des gendarmes ne cachait pas leur sincère émotion devant le spectacle, ni le dégoût pour le travail qu'on leur faisait faire.

Les enfants descendaient des autobus et aussitôt les plus grands prenaient par les mains les tout-petits et ne les lâchaient plus pendant le court voyage vers les chambrées. Dans l'escalier, les plus grands prenaient sur leurs bras les plus petits et, essoufflés, les montaient au quatrième étage. Là, ils restaient les uns à côtés des autres, comme un petit troupeau apeuré, hésitant longtemps avant de s'asseoir sur les matelas d'une saleté repoussante. La plupart ne savaient plus où étaient leurs bagages. Le petit nombre de ceux qui avaient eu la présence d'esprit de les prendre à la descente des autobus restaient embarrassés de leur baluchon informe. Pendant ce temps, on entassait d'autres petits baluchons dans la cour et, quand le déchargement était terminé, les enfants descendaient dans la cour pour chercher leur bien. Ces petits paquets sans nom étaient vraiment difficiles à reconnaître, et pendant longtemps, les enfants de quatre, cinq, six ans se promenaient parmi eux croyant à chaque instant retrouver le leur. [...]

Dès l'arrivée du premier groupe d'enfants se constituèrent trois équipes de femmes volontaires pour s'occuper d'eux. Ces femmes, presque toutes vouées à une prochaine déportation, dépourvues de tout, lavaient les plus petits avec leur propre savon, les essuyaient avec leur propre mouchoir, se levaient avant tout le monde et, sans avoir mangé, allaient distribuer le café aux enfants et le donnaient aux petits, incapables de tenir le bol chaud dans leurs petites mains. À midi et vers six heures du soir, ces mêmes femmes couraient pour leur donner la soupe aux choux et restaient parfois tard dans la soirée avec les enfants pour leur confectionner un semblant de couche pour la nuit. Mais tout cet admirable travail n'était qu'une goutte d'eau dans un océan. [...]

Les tout-petits ne connaissaient souvent pas leur nom, alors on interrogeait les camarades, qui donnaient quelques renseignements. Les noms et prénoms ainsi établis étaient inscrits sur un petit médaillon de bois, qu'on accrochait au cou de l'enfant. Parfois, quelques heures après, on voyait un petit garçon portant un médaillon avec le prénom de Jacqueline ou de Monique. Les enfants jouaient avec les médaillons et les échangeaient entre eux.

Chaque nuit, de l'autre côté du camp, on entendait sans interruption les pleurs des enfants désespérés et, de temps en temps, les appels et les cris aigus des enfants qui ne se possédaient plus.

Ils ne restèrent pas longtemps à Drancy. Deux ou trois jours après leur arrivée, la moitié des enfants quittaient le camp, en déportation, mélangés à 500 grandes personnes étrangères. Deux jours plus tard, c'était le tour de la seconde moitié. La veille de la déportation, les enfants passèrent par la fouille, comme tout le monde. Les garçons et fillettes de deux ou trois ans entraient avec leur petit paquet dans la baraque de la fouille où les inspecteurs de la PQJ[1] fouillaient soigneusement les bagages et les faisaient ressortir avec leurs objets défaits. On installa près de la porte de sortie une table où, toute la journée, des

---

1. PQJ : Police aux Questions juives.

hommes volontaires refaisaient tant bien que mal les paquets des enfants. Les petites broches, les boucles d'oreilles et les petits bracelets des fillettes étaient confisqués par les PQJ. Un jour, une fillette de dix ans sortit de la baraque avec une oreille sanglante parce que le fouilleur lui avait arraché la boucle d'oreille, que, dans sa terreur, elle n'arrivait pas à enlever assez rapidement.

Le jour de la déportation, les enfants étaient réveillés à cinq heures du matin, et on les habillait dans la demi-obscurité. Il faisait souvent frais à cinq heures du matin, mais presque tous les enfants descendaient dans la cour, très légèrement vêtus. Réveillés brusquement dans la nuit, morts de sommeil, les petits commençaient à pleurer et, petit à petit, les autres les imitaient. Ils ne voulaient pas descendre dans la cour, se débattaient, ne se laissaient pas habiller. Il arrivait parfois que toute une chambrée de cent enfants, comme pris de panique et d'affolement invincibles, n'écoutaient plus les paroles d'apaisement des grandes personnes, incapables de les faire descendre : alors on appelait les gendarmes qui descendaient sur leurs bras les enfants hurlant de terreur.

Dans la cour, ils attendaient leur tour d'être appelés, souvent en répondant mal à l'appel de leur nom. Les aînés tenaient à la main les petits et ne les lâchaient pas. Dans chaque convoi, il y avait un certain nombre d'enfants qu'on ajoutait pour terminer ; c'étaient ceux dont les noms étaient inconnus. Ces derniers étaient marqués sur la liste par des points d'interrogation. Cela n'avait pas beaucoup d'importance : il est douteux que la moitié des malheureux bambins ait pu supporter le voyage, et les survivants étaient sans doute détruits dès leur arrivée.

Ainsi il a été déporté de Drancy en deux semaines 4 000 enfants sans parents. Cela se passait dans la seconde moitié du mois d'août 1942. »

Éditions du Centre de documentation juive contemporaine, Paris, 1946

Dessins de David Brainin : Drancy, les 15 et 17 juillet 1942, et Drancy, juillet 1942.

David Brainin est né le 28 août 1905 à Kharkov en Ukraine. À quatorze ans, il quitte son village natal pour s'établir en Palestine pendant cinq ans. Puis il vient à Paris où il va suivre pendant quatre ans des cours à l'Académie des Beaux-Arts. Il y obtient un diplôme de peintre-décorateur qui lui permettra de travailler pour le cinéma. Arrêté lors d'une rafle, il est interné à Compiègne, puis à Drancy. Le 18 septembre 1942, il est déporté à Auschwitz par le convoi n° 34.

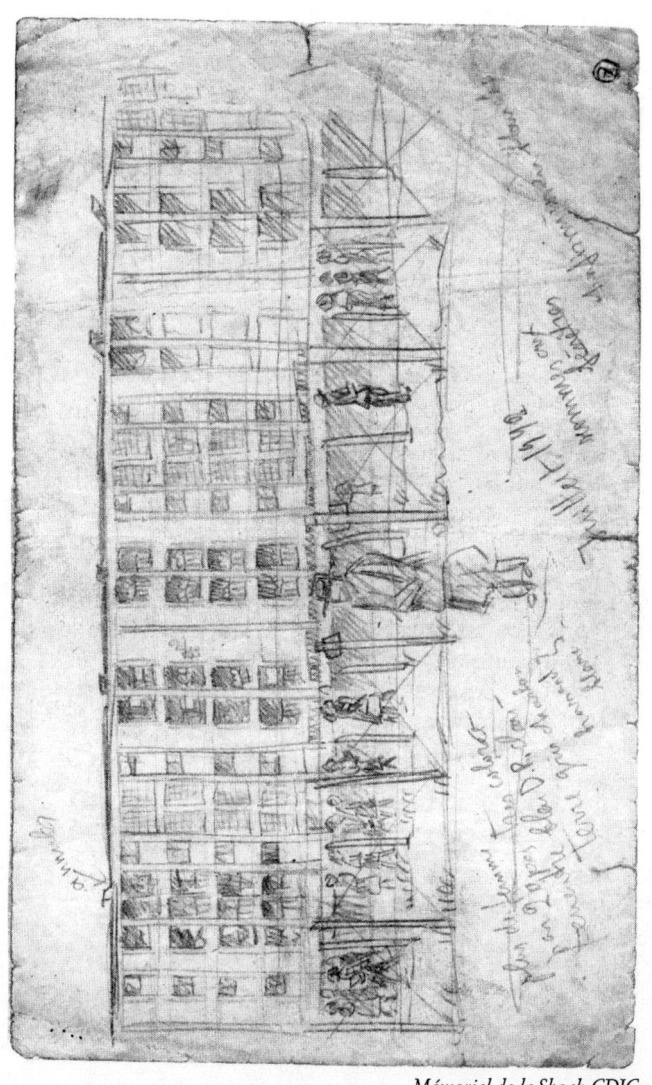

Mémorial de la Shoah-CDJC

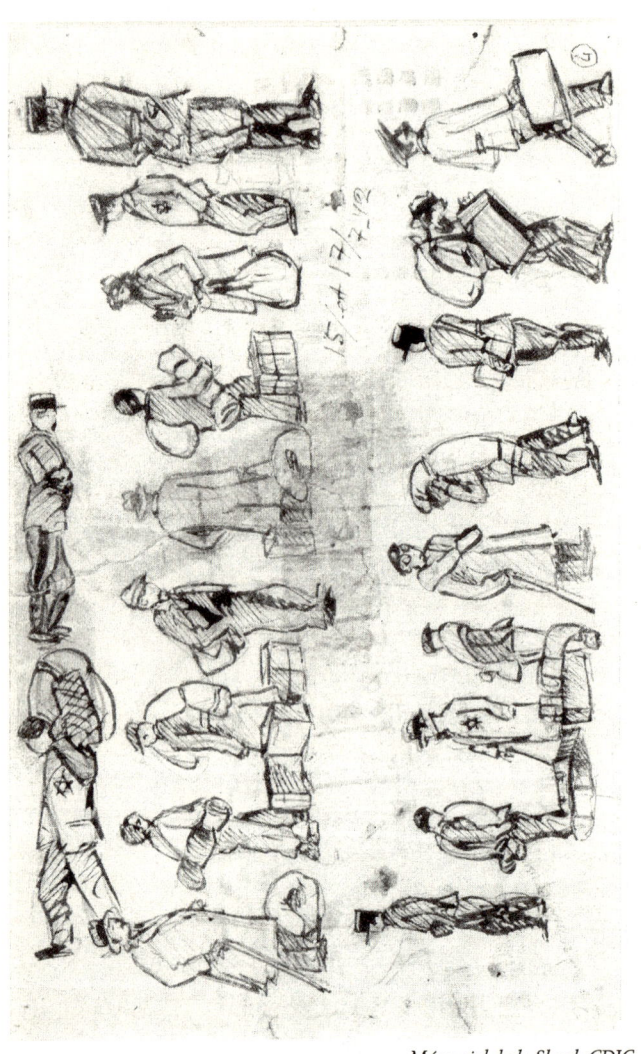

Mémorial de la Shoah-CDJC

Dessins de Georges Horan : l'arrivée des enfants à Drancy, en provenance des camps du Loiret.

Georges Horan (de son vrai nom Georges Koiransky) est né le 25 novembre 1894 à Saint-Pétersbourg. Dessinateur industriel résidant en région parisienne, il est interné au camp de Drancy le 12 juillet 1942. Il est ensuite transféré à Pithiviers le 4 septembre 1942 et à Beaune-la-Rolande le 24 septembre 1942. Il est à nouveau interné à Drancy le 27 septembre 1942. Il est libéré le 13 mars 1943 du fait de son statut de « conjoint d'aryenne ».

20. Arrivée des enfants

Mémorial de la Shoah-CDJC

21 - Arrivée au Camp

Mémorial de la Shoah-CDJC

Bibliographie

Cet aperçu bibliographique ne prétend nullement à l'exhaustivité; chacun pourra le compléter et l'actualiser à sa guise. Ces ouvrages sont consultables à la bibliothèque du centre de documentation du Mémorial de la Shoah.

Georges BENSOUSSAN, *Histoire de la Shoah*, PUF, coll. « Que sais-je ? », 1996

Jean-Marc BERLIÈRE, *Policiers sous l'Occupation* (version revue et mise à jour), Tempus, 2009

Tal BRUTTMANN, *Au bureau des affaires juives. L'administration française et l'application de la législation antisémite (1940-1944)*, La Découverte, 2006

Francine CHRISTOPHE, *Une petite fille privilégiée*, Éditions du Cercil, 1995

Éric CONAN, *Sans oublier les enfants. Les camps de Pithiviers et Beaune-la-Rolande*, Grasset, 1991

David DIAMANT, *Le Billet vert*, Éditions du renouveau, 1977

Anne GRYNBERG, *Les Camps de la honte: les internés juifs des camps français 1939-1944*, La

Découverte, 1991, rééd. en format poche, La Découverte, 1999

—, *La Shoah. L'impossible oubli*, Gallimard-Découverte, 1995

Laurent JOLY, *Vichy dans la « Solution finale ». Histoire du commissariat général aux Questions juives (1941-1944)*, Grasset, 2006

Les Juifs sous l'Occupation, recueil de textes et de lois, CDJC, 1945, rééd. par les FFDJ, 1982

André KASPI, *Les Juifs pendant l'Occupation*, Le Seuil, 1991, rééd. Points-Histoire, 1997

Serge KLARSFELD, *Vichy-Auschwitz*, Fayard, 2001

—, *Le Calendrier de la persécution des Juifs de France 1940-1944*, Éditions des FFDJF, 1993

—, *Adieu les enfants (1942-1944)*, Mille et une nuits, Fayard, 2005

Annette KRAJCER et Philippe BARBEAU, *Le Dernier Été des enfants à l'étoile*, Oskar jeunesse, 2010

Michel LAFFITTE, *Un engrenage fatal*, Liana Levi, 2003

—, *Juif dans la France allemande*, Tallandier, 2006

Lettres de Drancy, Tallandier, 2002

Claude LEVY et Paul TILLARD, *La Grande Rafle du Vél'd'Hiv*, Robert Laffont, 1967 et 1992. Nouvelle édition Tallandier, collection « Texto », 2010

Michael MARRUS et Robert PAXTON, *Vichy et les Juifs*, Calmann-Lévy, 1981, rééd. Le Livre de poche, 1990

Annette MUHLER, *La Petite Fille du Vél'd'Hiv*, Éditions du Cercil, 2009

Renée POZNANSKI, *Être juif en France pendant la Seconde Guerre mondiale*, coll. « La Vie Quotidienne », Hachette, 1994 ; rééd. sous le titre, *Les Juifs en France pendant la Seconde Guerre mondiale*, Hachette, 1997

Maurice RAJFUS, *La Rafle du Vél'd'Hiv*, PUF, coll. « Que sais-je », 2002

Tatiana de ROSNAY, *Elle s'appelait Sarah*, Héloïse d'Ormesson, 2006

Georges WELLERS, *Drancy-Auschwitz*, Éditions du Centre, 1946

—, *Un Juif sous Vichy*, Fayard, 1973, rééd. Tiresias, 1991

Annette WIEVIORKA, *Déportation et génocide, Entre la mémoire et l'oubli*, Plon, 1992, rééd. Hachette-Pluriel, 1995.

Annette WIEVIORKA et Serge BARCELLINI, *Passant, Souviens-toi ! Les lieux du souvenir de la Seconde Guerre mondiale en France*, Plon, 1995

Le Monde juif n° 12 (46), 1967, témoignage de Mlle Mattey Jenais

Le Monde juif, n° 22-23, 1949

Le Monde juif n° 28-29, 1962

Filmographie

Liste non exhaustive. Tous ces films peuvent être visionnés au Mémorial de La Shoah ou sont disponibles dans le commerce.

Documentaires

Opération « Vent printannier » : la rafle du Vél'd'Hiv, Blanche Finger et William Karel, France, 1992
Gare de la douleur, Henri Jouf, France, 1981
Shoah, Claude Lanzmann, France, 1985
Cité de la Muette, Jean-Patrick Lebel, France, 1986
Nuit et brouillard, Alain Resnais, France, 1956

Fictions

La Rafle, Roselyne Bosh, France, 2010
Elle s'appelait Sarah, Gilles Paquet-Brenner, France, 2010
Les Guichets du Louvre, Michel Mitrani, France, 1974

Remerciements

Cet ouvrage n'aurait pu voir le jour sans l'aide et le soutien de nombreuses personnes, et en premier lieu des donateurs qui nous ont confié les lettres :
Mesdames Suzanne Feldman, Janina Cohen, Germaine Garnek, Claire Lander, Martine Lewenstadt, Mme de Pouligny, Brigitte Sellam, Rosette Sender,
Messieurs Nathan Adelet, Roland Crédeville, Robert et Michel Feldman, Henri Pechtner, Michel Sztulzaft et Louis Wartski.
Tous ont répondu avec la plus grande bienveillance à nos multiples sollicitations, malgré la difficulté à revenir sur ces évènements douloureux.

Merci également à :
Dominique Missika, qui a su me convaincre de me lancer dans cette aventure dans laquelle elle m'a guidée avec patience et gentillesse,
Tatiana de Rosnay, qui a bien voulu nous honorer de sa préface avec une grande modestie,
Aux Éditions Robert Laffont, et spécialement à Charlotte de Prémare, pour ses relectures attentives et ses remarques pertinentes,

Aux archives de Yad Vashem (Haïm Gertner, Nomi Halpern et Shaul Ferrero), qui nous ont autorisés à reproduire les lettres de Rachel Polakiewicz.

À Jean Laloum, qui nous a fourni la photo de Rachel Polakiewicz,

Que tous ceux et celles qui m'ont tant appris et m'ont honoré de leur confiance et amitié en soit ici chaleureusement remerciés au premier rang desquels Jacques Fredj, directeur du Mémorial de la Shoah, Sarah Mimoun, archiviste : sans eux je ne serais pas là aujourd'hui,

Lior Lalieu-Smadja, responsable de la photothèque, collègue et amie : quel chemin parcouru depuis les bancs de l'université,

Marie-Pierre Bouyer, Claudine Janelli, Cécile Vaesen et Manuela Wyler pour leurs encouragements,

Tous mes collègues des archives : Marie Lainez, Cécile Lauvergeon, Ariane Loeb, Valérie Kleinknecht et du centre de documentation : Jérôme Aubignat, Sébastien Boulard, Fanny Chassain, Cécile Fontaine, Anne Huaulmé, Morgane Médard et Ariel Sion.

Merci enfin à Didier, qui m'a soutenue et encouragée durant ces mois de travail.

Table

Préface 7
Introduction 13

Ils sont venus nous chercher 21
Nous allons être transportés au Vél'd'Hiv 31
Vous avez pu juger notre départ à la hâte 49
Il y a toujours plus d'arrivages 55
Jeannot pleure tout le temps 69
Nous faisons appel à votre bon cœur 77
Nous manquons de presque tout 89
Il y a encore plus de femmes
 et d'enfants que d'hommes 101
Ayez pitié de mon enfant 107
Parqués là pire que des bêtes 117
La gentillesse d'un gendarme 127
La chose la plus terrible, c'est qu'on a
 peur d'être séparés de nos enfants 139
Maman te demande de nous faire sortir d'ici.. 147
Nous partons demain matin du vélodrome
 d'hiver pour le Loiret 159

Annexes 171
Bibliographie 209
Filmographie 212
Remerciements 213

10016

Composition
NORD COMPO

*Achevé d'imprimer en Espagne
par* BLACK PRINT CPI *(Barcelone)
le 26 octobre 2012*

Dépôt légal juin 2012
EAN 9782290040423
OTP L21EPLN001147C003

ÉDITIONS J'AI LU
87, quai Panhard-et-Levassor, 75013 Paris

Diffusion France et étranger : Flammarion